Umwelt*freunde* 4

Ein Sachbuch
für die Grundschule

Herausgegeben von
Inge Koch

Erarbeitet von
Anke Gretzschel
Rüdiger Horn
Inge Koch

Unter Einbeziehung der Ausgabe von
Jana Arnold
Kathrin Jäger
Inge Koch
Christine Köller
Rolf Leimbach
Silke Nitschel
Gerhild Schenk

Unter Mitarbeit
der Cornelsen Redaktion

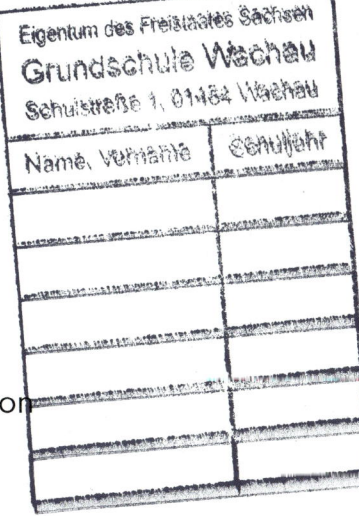

VOLK UND WISSEN

Umwelt*freunde* 4

Herausgegeben von
Inge Koch

Erarbeitet von
Anke Gretzschel, Rüdiger Horn, Inge Koch

Unter Einbeziehung der Ausgabe von
Jana Arnold, Kathrin Jäger, Inge Koch, Christine Köller,
Rolf Leimbach, Silke Nitschel, Gerhild Schenk

Begutachtet von
Thomas Arnold (Limbach-Oberfrohna), Sylvia Arnold (Hohndorf),
Ulrich Gard (Trier), Christine Köller (Prenzlau), Anke Schlütemann (Wülfingerode), Bernd Willems (Trier), Annett Zilger (Dresden)

Redaktion: Kirsten Pauli
Bildredaktion (Foto): Franziska Becker
Illustrationen: Sylvia Graupner 5, 11, 21, 35, 41, 49, 63, 89, 95, 103, 109; Gabriele Heinisch 9, 10 (1-6), 16, 18, 20, 30, 31, 40, 45, 46 (2-6), 48, 53 (2), 62 (1,3), 68, 70, 71, 82, 86, 90 (2), 101 (2), 102, 112; Katharina Knebel 8, 10 (unten), 12, 13, 14, 17, 25, 34, 52 (2-3), 53 (1), 62 (2), 101; Sandra Menke 90 (1); Christiane Mitzkus 48 (2), 52 (1); Oliver Regener 42 (1); Steffen Walentowitz 52 (1); Catharina Westphal 58 (2); Karl-Heinz Wieland 22, 23, 26, 32, 81, 96, 97, 98, 110, 111; Hans Wunderlich 24, 26, 27, 28, 29, 33, 36, 42 (2-5), 46 (1), 48 (6-9), 74, 75, 76, 77, 80, 83, 87, 88, 92, 93, 94, 107

Umschlaggestaltung: tritopp, Berlin; Katharina Knebel (Illustration)
Uta Bettzieche (Detektiv und Hund)
Layout und technische Umsetzung: tritopp, Berlin

www.vwv.de

Dieses Werk enthält Vorschläge und Anleitungen für Untersuchungen und Experimente.
Vor jedem Experiment sind mögliche Gefahrenquellen zu besprechen. Beim Experimentieren sind die Richtlinien zur Sicherheit im naturwissenschaftlichen Unterricht einzuhalten.

1. Auflage, 1. Druck 2017

© 2017 Cornelsen Verlag GmbH, Berlin

Alle Drucke dieser Auflage sind inhaltlich unverändert
und können im Unterricht nebeneinander verwendet werden.

Druck: Grafisches Centrum Cuno GmbH & Co.KG, Calbe

ISBN 978-3-06-080669-0 (Schülerbuch)

ISBN 978-3-06-080707-9 (E-Book)

PEFC zertifiziert
Dieses Produkt stammt aus nachhaltig
bewirtschafteten Wäldern und kontrollierten
Quellen.

www.pefc.de

PEFC/04-31-1370

Inhalt

In der Schule

Was war, was ist, was wird kommen?

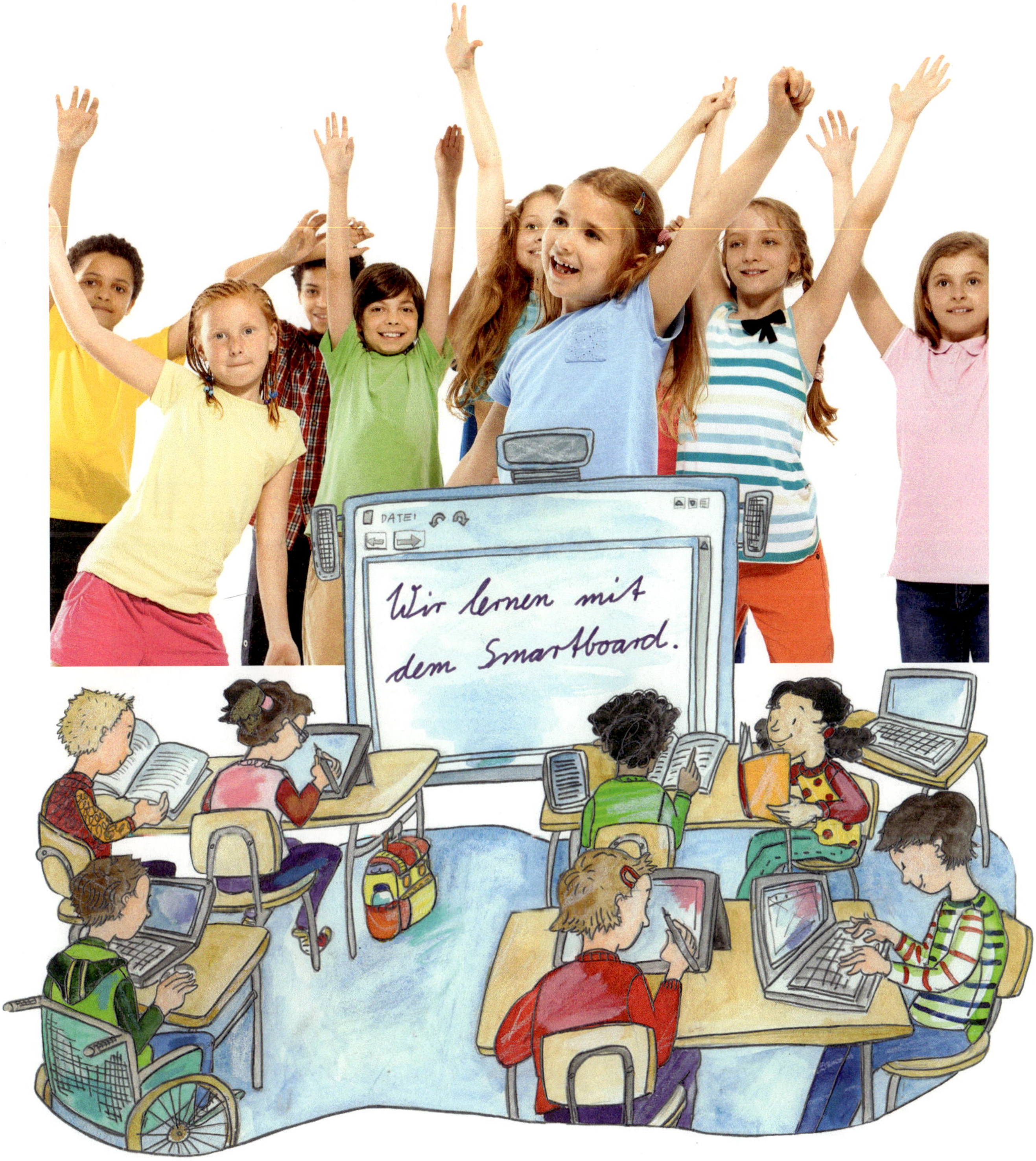

Wir lernen mit dem Smartboard.

Alte und neue Schulgeschichten

 Beschreibe die Fotos von der Einschulung. Was hat sich bis heute nicht verändert? Lies die Texte. Vergleiche mit deiner Schulzeit.

Uroma besuchte die Schule von 1929 bis 1937. Sie hatte jeden Tag einen langen Schulweg. Sie musste vom Rand der Stadt ins Zentrum laufen. In der Schule unterrichtete ein Lehrer mehrere Klassen gleichzeitig in einem Raum.

Oma kam 1956 in die erste Klasse. Sie war stolz auf ihren braunen Ranzen, die Schiefertafel zum Schreiben und den Griffelkasten. Oma besuchte die Schule bis zur 10. Klasse und lernte dann Schneiderin.

 Erkläre den Zeitstrahl.

1925 ••••• 1930 ••••• 1935 ••••• 1940 ••••• 1945 ••••• 1950 ••••• 1955 ••••• 1960 ••••• 1965 •••••

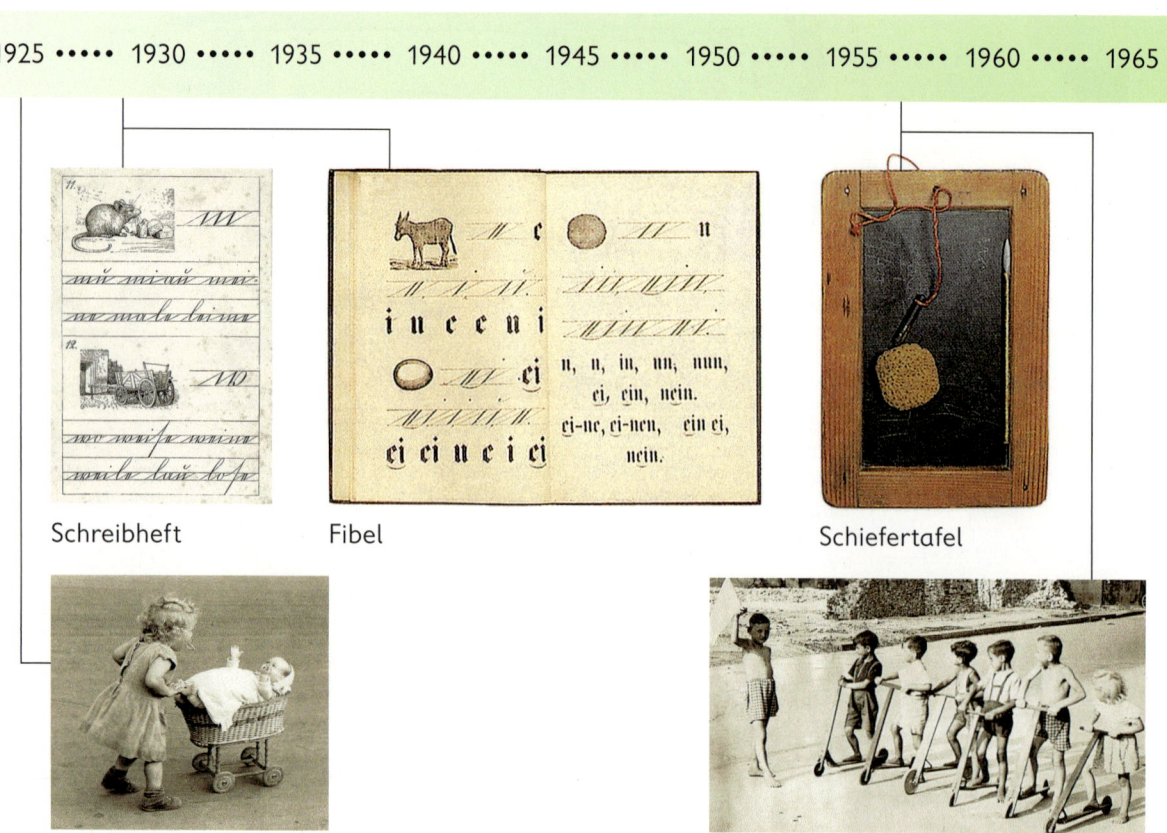

Schreibheft   Fibel   Schiefertafel

Ereignisfolge der Schulgeschichte in einer Familie mit Hilfe des Zeitstrahls analysieren

Meine Mutter kam 1981 zur Schule.
Viele Kinder ihrer Klasse kannte sie schon
aus dem Kindergarten. In den Ferien
fuhr sie oft in ein Ferienlager.
Nach zwölf Jahren machte
meine Mutter Abitur.

Ich bin Louisa und wurde 2014
eingeschult. Ich konnte schon ein wenig
lesen und am Computer schreiben.
Ich gehe gern zur Schule.
Später möchte ich Lehrerin werden.
Meine beste Freundin heißt Clara.

970 ••••• 1975 ••••• 1980 ••••• 1985 ••••• 1990 ••••• 1995 ••••• 2000 ••••• 2005 ••••• 2010 ••••• 2015

Fibel   Schulfüller

LEICHTER LERNEN

Mit Bildern lernen
• Finde zu Ereignissen von
  früher Fotos oder andere
  Bilder. So merkst du dir
  die Inhalte besser.

MITMACHEN UND NACHDENKEN

3 Frage in der Familie
nach „Schulgeschichten".
Fertige dazu einen Zeitstrahl
an und beschrifte ihn.

Und wie geht es nach der Grundschule weiter?

 Die Kinder berichten, welche Schule sie nach der Grundschule besuchen möchten. Was meint ihr zu den Aussagen der Kinder?

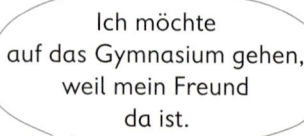

Ich möchte auf das Gymnasium gehen, weil mein Freund da ist.

Mein Traumberuf ist Ärztin, daher möchte ich das Abitur machen.

Ich gehe zur Oberschule. Danach würde ich gern Verkäuferin werden.

Zur Oberschule laufe ich nur 5 Minuten. Da möchte ich gern hingehen.

Ich kann gut schwimmen und möchte aufs Sportgymnasium.

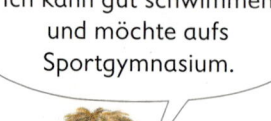

Ich möchte nach der Oberschule eine Lehre als Mechatroniker machen.

Bildungswege in Sachsen

Schuljahre	Berufsschule	Fachhochschule	Universität
12			Gymnasium mit Abschluss Abitur
11			
10		Oberschule mit Realschulabschluss	
9	Oberschule mit Hauptschulabschluss oder qualifiziertem Hauptschulabschluss		
8			
7			
6	Orientierungsphase für weiterführende Schularten		
5			
4			
3	Grundschule		
2			
1			

Meinungen von Kindern zum Besuch verschiedener Schularten diskutieren;
Bildungswege nach Abschluss der Grundschule kennen lernen

Der Sachunterricht bereitet dich auf viele neue Fächer ab Klasse 5 vor.

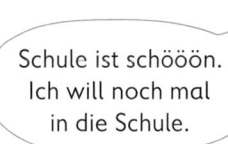

Schule ist schööön. Ich will noch mal in die Schule.

Biologie:
Du lernst viel über alles Lebende, dazu gehören Pflanzen, Tiere und Menschen.

Geografie:
Du lernst, wie die Erde und die Erdoberfläche aufgebaut sind und wie Menschen in den Ländern auf der Erde leben.

Geschichte:
Du lernst, wie Menschen in der Vergangenheit lebten, arbeiteten und wie sie die Welt veränderten.

Technik/Computer:
Du lernst, wie technische Geräte und Maschinen funktionieren und arbeitest mit dem Computer.

In den folgenden Klassenstufen kommen noch andere neue Fächer hinzu, in denen du dein Wissen aus dem Sachunterricht anwenden kannst, zum Beispiel in den Fächern **Physik**, **Informatik** und **Chemie**.

MITMACHEN UND NACHDENKEN

2 Schreibe auf: Welchen Beruf möchtest du später erlernen? Welche Schulart würdest du am liebsten besuchen?

3 Betrachte die Übersicht über die Bildungswege in Sachsen. Welche Schulabschlüsse kannst du nach 9, 10 oder 12 Schuljahren machen?

4 Erkundige dich, wann ein Schulwechsel zwischen den Schularten möglich ist.

INTERESSANT

- In sächsischen Schulen gibt es verschiedene Wege, einen Schulabschluss zu erreichen.
- Wer später einen handwerklichen, technischen oder praktischen Beruf ergreifen möchte, der wird durch die Oberschule gut vorbereitet.
- Das Abitur nach 12 Jahren Schulzeit befähigt die Jugendlichen eine Fachhochschule oder Universität zu besuchen.
- Ein Wechsel von einer Oberschule an ein Gymnasium ist mit den entsprechenden Leistungen nach jeder Klasse möglich.
- Lehrer und Eltern werden dich für den Schulwechsel gut beraten.

Freundeseite

Schule und Freizeit

 Wähle Aufgaben aus. Forsche nach.

1 Befragung

Befragt eure Eltern, was sie an ihren Schulnachmittagen gemacht haben. Stellt eine Übersicht zusammen.

2 Bilderrätsel

Welchen Beruf möchte Carl erlernen?

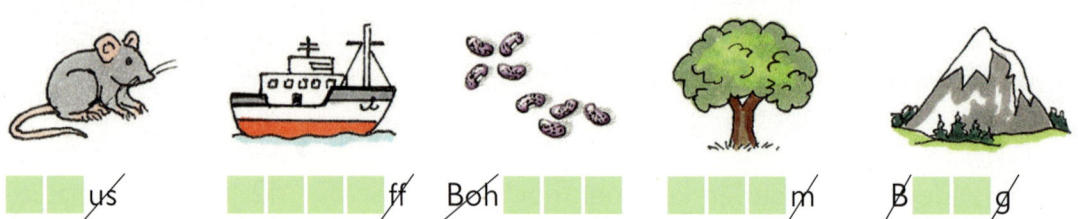

☐☐ us   ☐☐☐☐ ff   Boh ☐☐☐   ☐☐☐ m   ß ☐☐ g

3 Forschen und entdecken

Woraus besteht …?

Wo ist es ?

Was ist das?

Wie funktioniert es?

Welche Sachen brauche ich?

Warum ist das so?

Wodurch entstehen …?

Wer macht mit?

Woher kommt das …?

Wohin…?

Wann beginnt …?

Wozu benutze ich …?

Notiert in Gruppen ein Thema, das euch interessiert. Schreibt viele Fragen dazu auf. Bearbeitet die Fragen.

Eine Befragung vorbereiten, durchführen und auswerten; ein Bilderrätsel lösen; geeignete Fragestellungen für Interviews und Forschungsaufgaben finden

Medien nutzen und bewerten

In welchen Medien finde ich
passende Informationen für ein Thema?

ZEITUNG

FOTOS Urlaub

Lesen, Lernen, Spielen, Reden, Spaß haben

Sachinformationen finden

1 Benenne die Medien.

So kannst du diese Medien nutzen, um Sachinformationen zu finden:

Einen Film ansehen

- Einen Film ausleihen oder im Internet suchen.
- Fragen zum Thema aufschreiben.
- Den Film ansehen.
- Notizen machen und Fragen beantworten.

Im Kinderlexikon nachschlagen

- Stichwort zum Thema überlegen
- Im Lexikon die Sticheworte suchen. Die alphabetische Reihenfolge der Stichworte hilft.
- Text lesen
- Notizen machen

In Kinderzeitschriften blättern

- Auf der Titelseite und im Inhalts-verzeichnis nach dem richtigen Thema suchen.
- Den Artikel lesen.
- Notizen machen

In einem Sachbuch lesen

- ...

2 Wie findest du in einem Sachbuch wichtige Informationen zu einem Thema? Notiere.

Verschiedene Informations- und Kommunikationsquellen auswählen und nutzen:
Sachbücher, Lexika, Zeitschriften, Filme, Fernsehen; elektronische Nachschlagewerke, Internet

Nicht jedes Medium ist geeignet, um eine bestimmte Information zu finden.
In einer Kinderzeitschrift findest du keine Informationen darüber,
was gerade an diesem Tag passiert.
Im Sachbuch findest du keine Märchen.
Mit dem Radio kannst du keine Bilder empfangen.
Daher musst du für jede Frage das richtige Medium auswählen.

A) Welche Temperaturen sagt der Wetterbericht für heute voraus?

B) Wie koche ich Pudding?

C) Was bedeutet das Wort „Manipulation"?

D) Wo bauen Eichhörnchen ihre Kobel?

E) Wann werden in dieser Woche Tierfilme im Fernsehen gezeigt?

F) Wie lange dauert die Bahnfahrt von meinem Heimatort nach Berlin?

LEICHTER LERNEN

Wichtige Informationen notieren

- Lies den Text genau.
- Überlege, welche Informationen du wichtig findest.
- Lies den Text noch einmal Satz für Satz.
- Entscheide in jedem Satz, welche Information wichtig ist.
- Schreibe Wortgruppen oder einzelne Wörter auf ein Blatt.
- Verwende Gedankenstriche.
- Prüfe, ob du den Inhalt mit deinen Notizen wiedergeben kannst.

MITMACHEN UND NACHDENKEN

3 Welches Medium eignet sich, die Fragen A – F zu beantworten? Schreibt das Medium auf. Begründet die Auswahl.

4 Beantwortet die Fragen A – F schriftlich.

5 Bildet verschiedene Gruppen. Jede Gruppe informiert sich zum Thema „Wal" in einem der Medien.

Tauscht euch über Vor- und Nachteile der unterschiedlichen Medien aus.

Im Internet Informationen suchen

 Verfolge diesen Weg im Internet.

Schritt 1: Was will ich wissen?
- Wie kann ich meinen Führerschein
  für das Internet machen?

Schritt 2: Wie finde ich Informationen im Internet?
- Du kannst direkt eine Internetadresse eingeben.
- Oder du nutzt eine Suchmaschine für Kinder:
  Starte das Internetprogramm des Computers.
  Gib den Namen einer Suchmaschine für Kinder ein.
  Drücke die Eingabetaste.

INTERESSANT

Diese Suchmaschinen
sind für Kinder
interessant:
www.blinde-kuh.de
www.fragFINN.de
www.helles-koepfchen.de
www.kindernetz.de

Eingabetaste

Schritt 3: Welche Suchwörter gebe ich ein?
- Du wählst aus deiner Frage die wichtigsten Wörter aus:
  Internet   Führerschein.
- Du gibst diese Suchwörter ein und klickst auf „Finn fragen".

Adresse der
Suchmaschine

Suchbegriff(e)

Im Internet finden

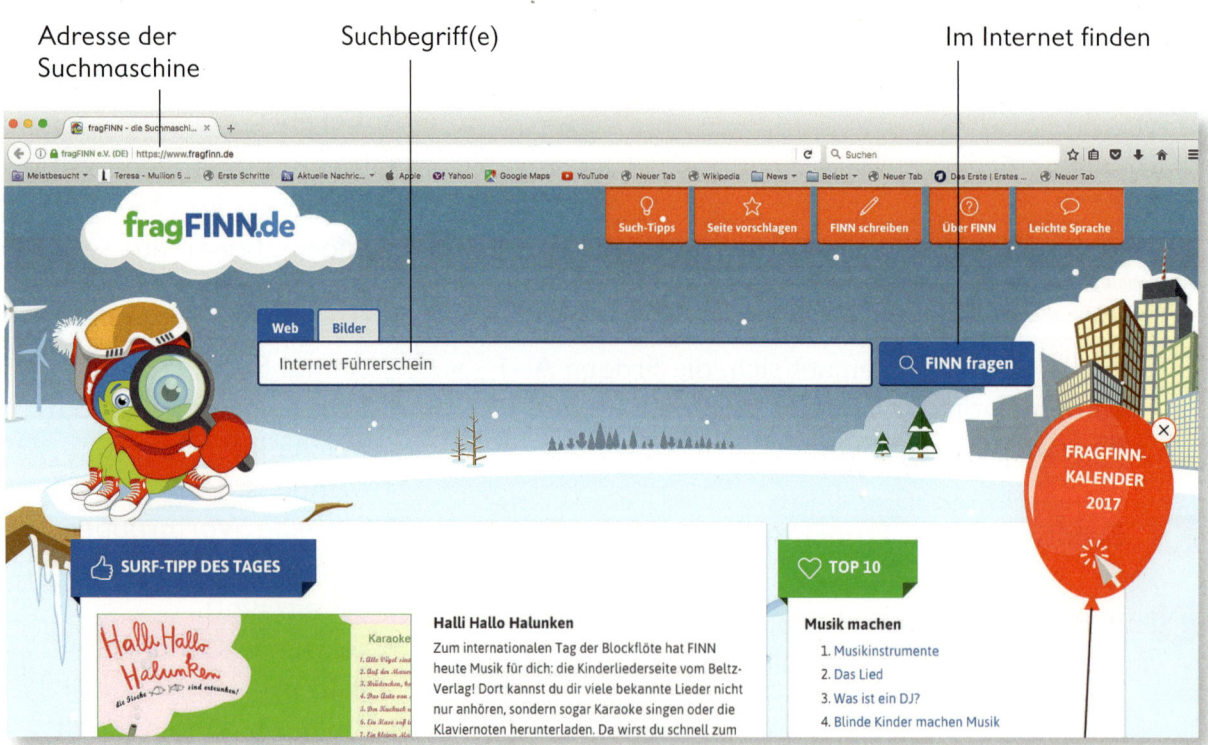

BEACHTE: JEDER KANN INFORMATIONEN INS INTERNET STELLEN, OB RICHTIG ODER FALSCH.

Im Internet Informationen suchen;
Schrittfolge kennen lernen und anwenden

Schritt 4: **Wie gehe ich mit den Suchergebnissen um?**

Die Suchmaschine zeigt alle Ergebnisse an, in denen die Wörter „Internet" und „Führerschein" vorkommen.

Dein Suchergebnis zum Thema: Internet Führerschein

Surfschein | Internet-ABC

Mit dem Surfschein des **Internet**-ABC können Kinder ihr Wissen rund um das **Internet** testen. Den **Führerschein** für das Netz gibt es als Quiz udn als ...

https://www.**internet**-abc.de/kinder/lernen-schule/surfschein/

Internet-ABC: Startseite

vor 4 Tagen ... Teste dein Wissen über das **Internet** mit dem Surfschein des **Internet**-ABC! Hol dir den "**Führerschein** fürs **Internet**" – mit dem Surfschein-Quiz ...

https://www.**internet**-abc.de/

Surfschein | Inter

Wer am Ende ausreic ... hat, kann sich den **Fü** ... eignet sich ...

https://www.**internet**

Und wenn ich nur „Internet" oder nur „Führerschein" eingebe?

Versuch es doch mal.

- Du wählst aus der Liste mit Internetseiten ein Suchergebnis aus und klickst es an.
- Wenn die Seite erscheint, prüfe: Beantwortet die Information meine Frage?
- Reichen die Informationen nicht aus, gehst du zurück und wählst ein anderes Suchergebnis aus.

Schritt 5: **Wie werte ich die Informationen aus?**

- Die Informationen müssen deine Frage beantworten. Du kannst dir interessante Informationen ausdrucken.

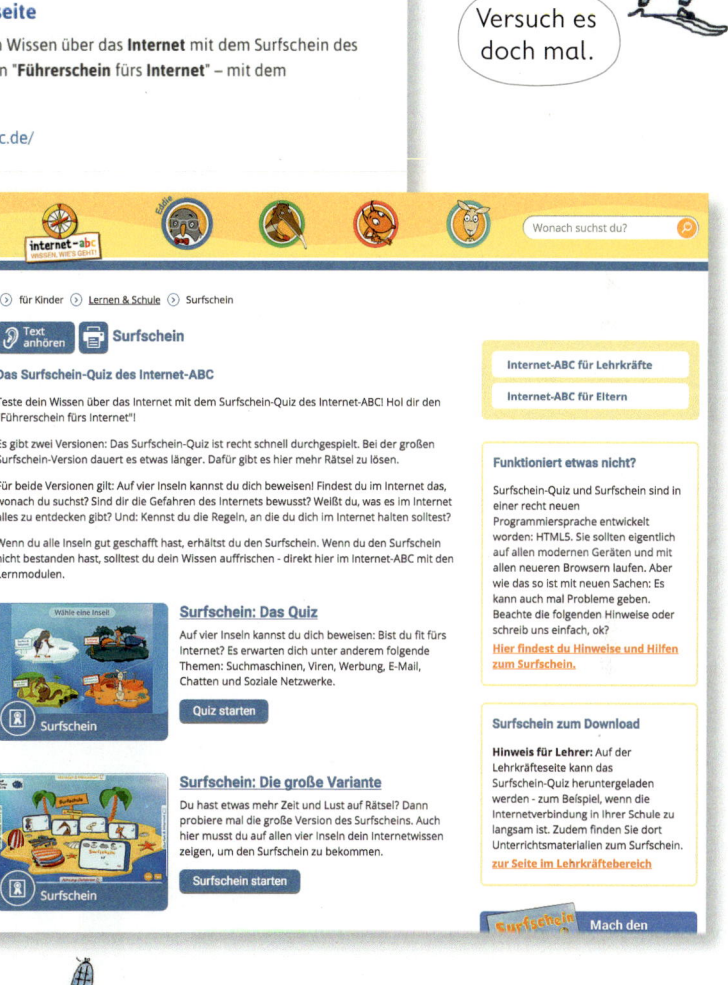

MITMACHEN UND NACHDENKEN

2 Suche selbst Informationen zu einem Thema. Nutze die Kindersuchmaschinen.

PRÜFE, WOHER INFORMATIONEN KOMMEN. LIES AUCH IN SACHBÜCHERN NACH ODER FRAGE EXPERTEN.

Ich präsentiere ... und bewerte

Du hast Informationen über Eisbären gesammelt und deinen Vortrag gegliedert.
Für deinen Vortrag kannst du verschiedene Formen der Präsentation auswählen.

 Welche Präsentation würde dir gefallen?
Begründe deine Entscheidung.

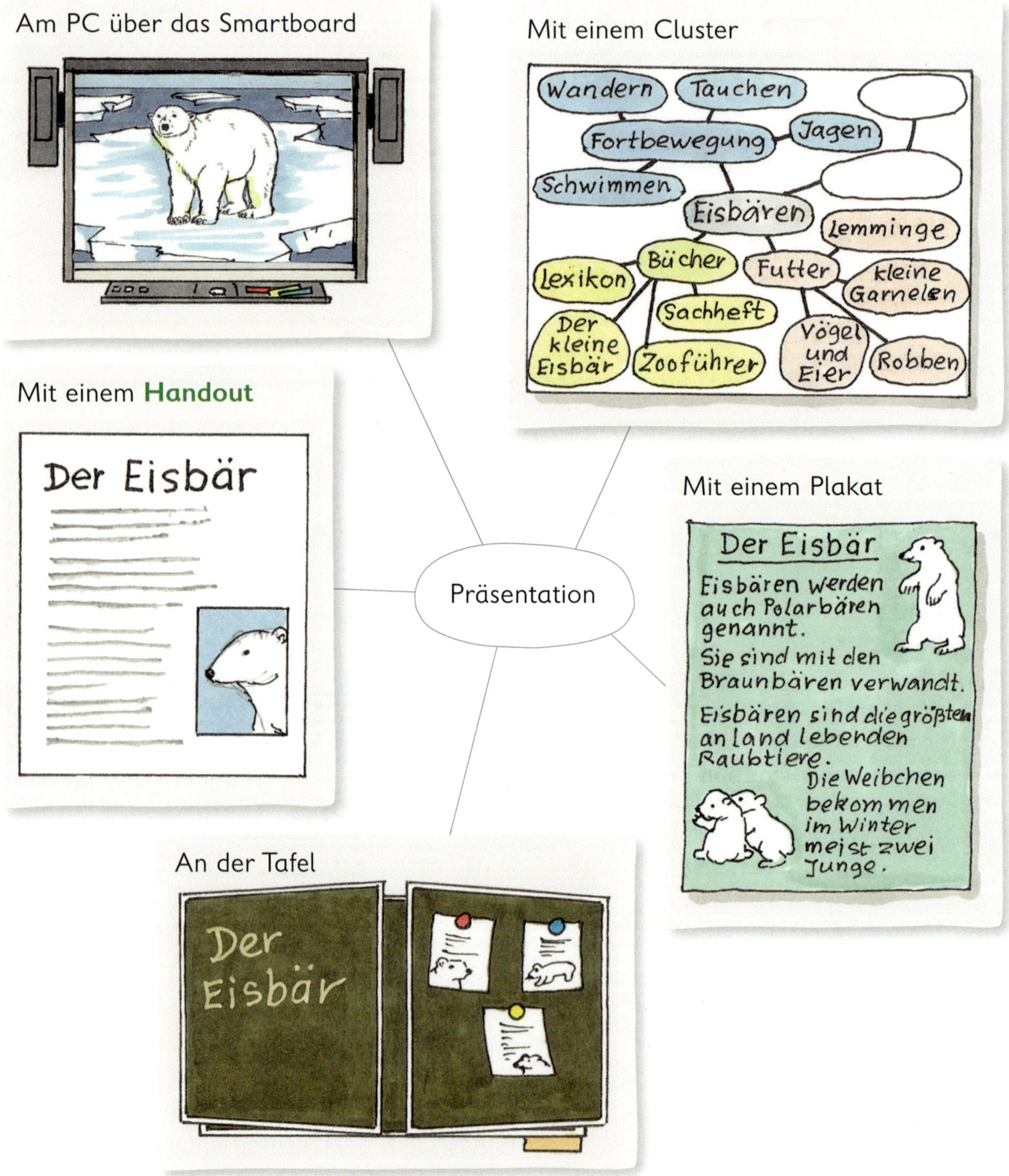

Am PC über das Smartboard

Mit einem Cluster

Mit einem Handout

Der Eisbär

Präsentation

Mit einem Plakat

Der Eisbär

Eisbären werden auch Polarbären genannt.
Sie sind mit den Braunbären verwandt.
Eisbären sind die größten an Land lebenden Raubtiere.
Die Weibchen bekommen im Winter meist zwei Junge.

An der Tafel

Der Eisbär

2 Finde weitere Präsentationsformen.

Eine Präsentation zu einem Thema gestalten;
eine Präsentationsart auswählen und dazu Sichtweisen und Positionen begründen

Zu jeder Präsentation gehört eine Nachbesprechung:
* Was ist gut gelungen?
* Was muss noch verbessert werden?

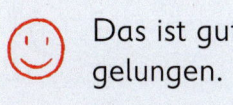
Wie kannst du dich für bedrohte Tiere einsetzen?

Vor jeder Präsentation solltet ihr festlegen,
nach welchen Merkmalen ihr die Präsentation bewerten wollt.
Stellt am besten eine Tabelle zusammen
und listet darin eure Vorschläge zur Bewertung auf.
So weiß jeder, worauf besonders zu achten ist.

Thema: Sind Eisbären vom Aussterben bedroht? Bewertungsbogen: Leon			
Das wird zum Vortrag bewertet	So wird bewertet		
	🙂	😐	🙁
Wurden Schwerpunkte dargestellt?	X		
Hat der Redner das Interesse der Zuhörer/Zuschauer geweckt?			
Wurden passende Medien eingesetzt?			
Konnten alle Zuhörer/ Zuschauer …			
…			

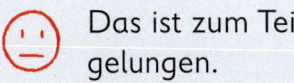
🙂 Das ist gut gelungen.

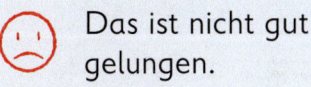
😐 Das ist zum Teil gelungen.

🙁 Das ist nicht gut gelungen.

Leon hat alle wichtigen Punkte richtig erklärt.

Die Tabellen waren aber unübersichtlich.

Aber insgesamt war es interessant. Dazu werde ich noch mehr lesen.

MITMACHEN UND NACHDENKEN

3 Lest den Bewertungsbogen.
Ergänzt eigene Kriterien.

Was Werbung will

 1 Betrachte die Werbung.
Wofür werben die Firmen?
Wo wird geworben?
Mit welchen Mitteln wird geworben?

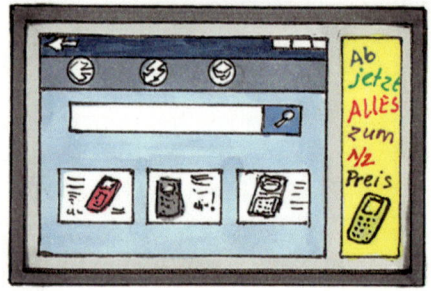

Werbung ...

informiert.

stellt Produkte vor.

verspricht etwas.

ist unterhaltsam.

will zum Kaufen anregen.

Werbung betrachten und ihre Wirkung untersuchen;
Medieneinflüsse hinsichtlich Freizeit, Kauf- und Essverhalten beurteilen

Werbung erreicht deine Aufmerksamkeit durch:

• Bilder

Werbung zeigt schöne oder ungewöhnliche Bilder.
Darüber staunt der Betrachter und wird neugierig.

• Worte

Positive Worte werben für das Produkt:
gut, lecker, echt, frisch, einfach, neu, weiß, lustig …

• Texte

Werbetexte sind meist kurz oder auch gereimt.
So prägen sie sich schneller ein.

• Filme

Die Geschichten in den Filmen sind kurz.
Manchmal zeigen sie komische Situationen oder
haben einen überraschenden Schluss.

• Personen/Prominente

Menschen aus dem Alltag oder bekannte Sportler,
Schauspieler, Sänger … werben für Produkte.

• Musik

Werbetexte zu schöner Musik oder Werbesong
prägen sich schneller bei Hörern oder Zuschauern ein.

Du magst meinen neuen Film, dann magst du auch Erdbeeren mit Schokolade.

MITMACHEN UND NACHDENKEN

2 Suche dir ein aktuelles Produkt aus.
Sammle eine Woche lang alle Werbung
für dieses Produkt.
Du kannst fotografieren, ausschneiden,
schreiben …

3 Schreibe für deine gesammelte Werbung
von Aufgabe 2 auf:
Wie wird für das Produkt geworben?
Schaue auf die Punkte oben (Bilder, Worte …).

4 Schreibe einen Werbetext oder Werbesong
für ein Produkt deiner Wahl.

INTERESSANT

Werbung gehört zu unserem Alltag

• In Deutschland werden
viele Milliarden Euro
für Werbung
ausgegeben.

• In der Werbung
arbeiten in
Deutschland fast
eine Million Menschen.

• Werbung zielt auf
unsere Aufmerksamkeit.

• Wer weiß, wie
Werbung funktioniert,
kann selbstständig
entscheiden, was er
braucht und kauft.

Werbung selbst gestalten

 Wähle Aufgaben aus. Forsche nach.

1 Werbung selbst gemacht

Entwirf mit einem Partnerkind eine Werbung für einen guten Zweck, zum Beispiel: Kuchenverkauf in der Schule (die Einnahmen sind für eine Klassenfahrt), Chorsingen im Seniorenheim …

Überlegt:

- Wofür wollen wir werben?
- Wen soll die Werbung erreichen?
- Welche Werbemittel sind geeignet? Plakat, Faltblatt, Video …
- Welche Bilder veranschaulichen unsere Werbung?
- Welche Texte lassen sich gut merken, z.B. kurze, knappe Informationen, überzeugende Argumente, originelle Wörter oder Sätze …
- Welche Materialien brauchen wir? Pinsel, Stifte, Zeichenkarton, Fotos …

2 Werbetexte schreiben

Der neue Sportschuh von **MoW** ist auf dem Markt. Es gibt ein Modell für Mädchen und eines für Jungen. Überlege dir zwei unterschiedliche Werbetexte.

3 Werbung im Internet

Auch im Internet gibt es viel Werbung. Sie steht oft auf Seiten, auf denen man sie nicht vermutet.

- Achte im Internet auf Werbung.
- Notiere dir, wo sie auftaucht und wofür geworben wird.

Im Herbst

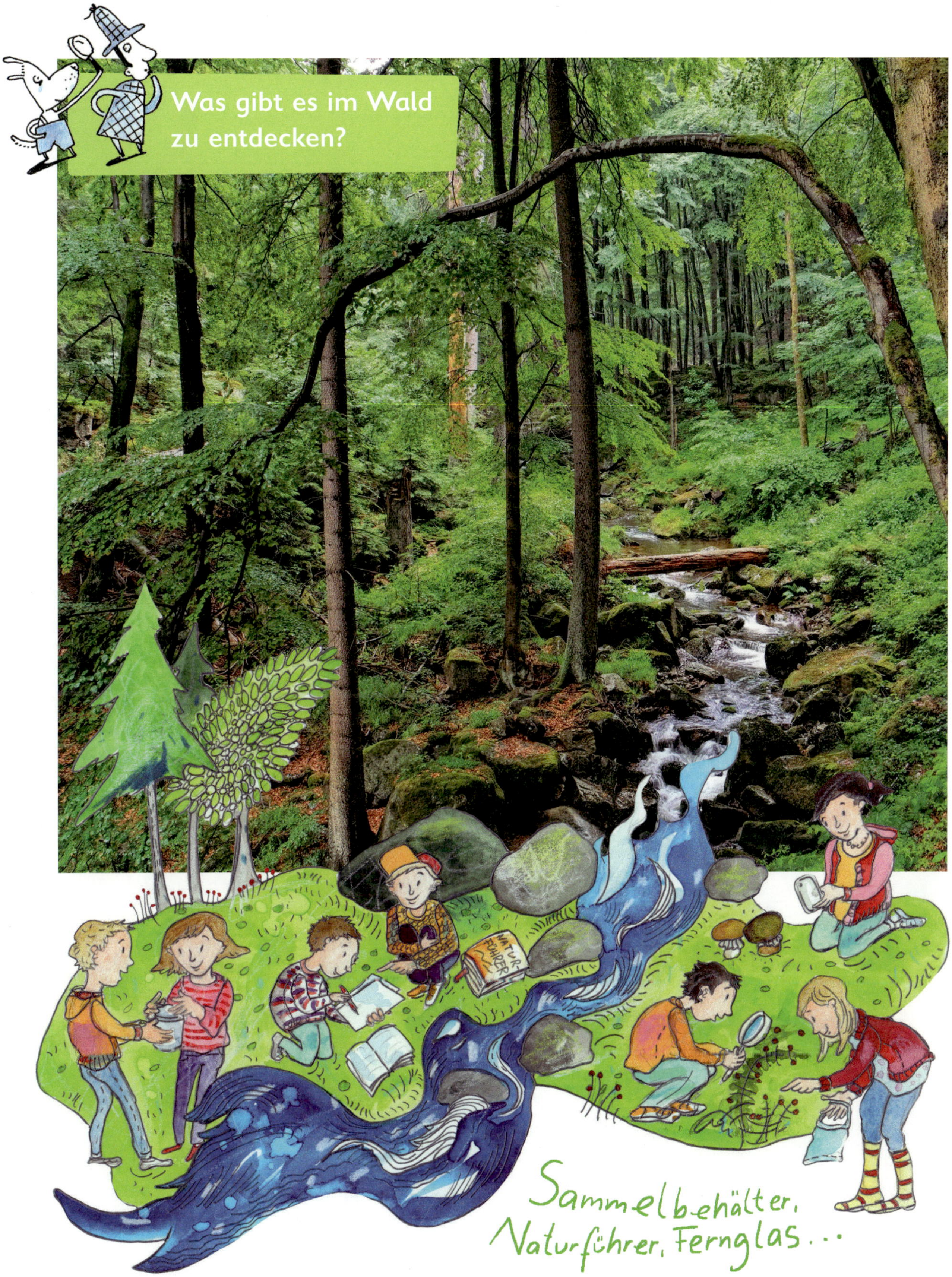

Was gibt es im Wald zu entdecken?

Sammelbehälter, Naturführer, Fernglas ...

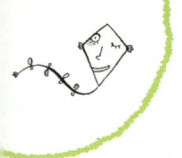

Der Wald als Lebensraum

Pflanzen wie Bäume, Sträucher und Kräuter bauen den Wald auf.
Sie bieten wildlebenden Tieren Wohnung, Nahrung und Unterschlupf.

1 Unternehmt einen Ausflug in einen Wald. Schaut euch genau um.

Große Brennnessel

Holunder

Hasel

Weißdorn

Feldahorn

Insekten bestäuben
die Blütenpflanzen. Hier finden
Schmetterlinge, Bienen,
Hummeln und Käfer
im Sommer reichlich Nahrung.

Zwischen den Pflanzen verstecken sich Kleintiere:
Ohrwürmer, Wanzen, Milben, Springschwänze und Spinnen.

Das Schaubild vom Waldrand betrachten; Beziehungen zwischen den Lebewesen im Lebensraum Wald beschreiben; Bedeutung des Waldes für Pflanzen und Tiere beschreiben

In den Sträuchern bauen Vögel ihre Nester und suchen nach Nahrung. Der Neuntöter frisst Käfer, Bienen, Hummeln, Fliegen und Heuschrecken. Er überwältigt sogar kleine Mäuse.

Kleine Säugetiere, wie der Feldhase, finden hier Schutz vor Wind, Regen, Hitze und vor ihren Feinden.

Reh

Neuntöter

Kreuzspinne

Haselmaus

Kleiner Fuchs

Gefleckter Schmalbock

Pflanzen und Pilze des Waldes

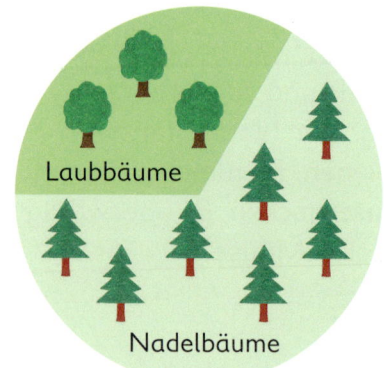

Baumarten in
Sachsen Wäldern

Die häufigsten Baumarten in Sachsens Wäldern sind die Nadelbäume
Fichte und Kiefer. Häufige Laubbäume sind Birken, Eichen und Buchen.
In den Wäldern wachsen viele verschiedene Pflanzen.
Einige von ihnen brauchen Licht zum Wachsen. Lichtpflanzen, wie zum Beispiel Hasel,
wachsen an sonnigen, hellen Orten. Die Hasel blüht bereits im Februar/März.
Andere Pflanzen kommen mit dem Schatten gut zurecht, den Nadelbäume und
belaubte Bäume werfen. Schattenpflanzen sind zum Beispiel Wurmfarn,
Waldmeister und Heidelbeere.
Im Halbschatten wachsen das Sternmoos und das Gemeine Rispengras.

 Betrachte die Fotos. Beschreibe die Pflanzen.

Moos (Sternmoos)

Farn (Wurmfarn)

Gras (Gemeines Rispengras)

Kraut (Waldmeister)

Zwergstrauch (Heidelbeere)

Strauch (Hasel)

Der kleine, goldgelbe Pfifferling mit seinem trichterförmigen Hut wächst in Nadel- und Laubwäldern.
Vor allem ist er in der Nähe von Fichten, Kiefern, Eichen, Birken und Rotbuchen zu finden.
Der Pfifferling schmeckt gut.

Der Butterpilz gedeiht nur in der Nähe von Kiefern. Sein hell glänzender bis schokoladenbrauner Hut ist meist schmierig. Am Stiel hat er einen häutigen weißen Ring. Getrocknete Butterpilze schmecken gut in Soßen.

Der Steinpilz wächst im Laubwald bei Buchen und Eichen. Sein hellbrauner Hut hat Röhren, der Stiel ist dickbauchig.
Er ist ein schmackhafter Speisepilz.

Vorsicht: Den Steinpilz nicht mit dem bitteren, ungenießbaren Gallenröhrling verwechseln.

INTERESSANT

In den Wäldern Sachsens wachsen viele genießbare und wohlschmeckende Pilze.
Pilze brauchen wenig Licht. Sie wachsen auch im dunklen Wald.
Im Boden befindet sich ihr weit verzweigtes Pilzgeflecht. Nur der Pilzkörper ist über der Erde am Waldboden zu sehen.

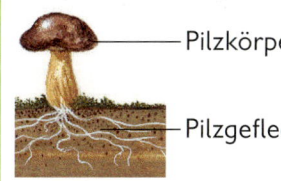

Pilzkörper

Pilzgeflecht

MITMACHEN UND NACHDENKEN

2 Sammelt Bilder von Pilzen und fertigt ein Pilzposter an.
Beschriftet die Bilder:
- Name des Pilzes
- wichtige Merkmale
- Doppelgänger
- genießbar oder ungenießbar

Pilzsucher müssen Pilzkenner sein. Hände weg von unbekannten Pilzen!

3 Informiere dich, welche Wildfrüchte im Wald wachsen.

Für Pilzsammler: Holt euch unbedingt den Rat eines Pilzsachverständigen in einer Pilzberatungsstelle.

Tiere des Waldes

1 Wähle ein Tier aus. Lies den Text. Schreibe dann einen Steckbrief zu diesem Tier.

Das Reh ist in Sachsen in **Misch-wäldern** mit nahegelegenen Wiesen und Feldern zu beobachten. Die schlanken Tiere haben im Sommer ein braunrotes und
im Winter ein graubraunes Fell.

Erwachsene Rehe erreichen von Kopf bis Rumpf eine Länge von 100 bis 140 Zentimeter (cm) und eine **Schulterhöhe** zwischen 60 und 90 cm.
Sie wiegen 15 bis 30 Kilogramm (kg).

Der Rehbock (männliches Tier) hat ein kleines Geweih, das er zwischen Oktober und Dezember abwirft.

Das weibliche Tier, die Ricke, bringt im Mai/Juni ein bis zwei Kitze (Jungtiere) zur Welt, die gesäugt werden. Sie folgen sofort der Mutter (Nestflüchter).

Die Pflanzenfresser haben ein Gebiss mit Schneidezähnen und Backenzähnen.

Pflanzenfresser

Ein ausgewachsenes Tier frisst am Tag etwa 3 kg Futter: Kräuter, Knospen, Triebe und Rinde …

LEICHTER LERNEN

Texte gliedern
Gut gegliederte Texte kannst du dir leichter merken.

Rehe kennen lernen; das Gebiss als Pflanzenfresser-Gebiss identifizieren; Schneidezähne und Hornplatte dienen dem Abrupfen der Pflanzen, die Backenzähne zermahlen die Nahrung

Der europäische Luchs ist in Sachsen eine streng **geschützte Art**. Er lebt in ruhigen Gebieten der Sächsischen Schweiz und liebt dicht bewachsene Laubwälder. Luchse sind große Katzen.

Erwachsene Tiere haben eine Körperlänge von 80 bis 120 cm und eine Schulterhöhe von 50 bis 60 cm. Das Fell ist rötlichbraun mit dunklen Flecken bis graubeige mit unscheinbaren Flecken. Typisch sind die „Pinselohren".

Das Weibchen bringt im Mai/Juni ein bis vier Junge zur Welt, die gesäugt werden. Die Jungen sind Nesthocker und bleiben etwas fünf Monate bei der Mutter.

Die Fleischfresser haben ein Gebiss mit Schneidezähnen, Eckzähnen und Backenzähnen.

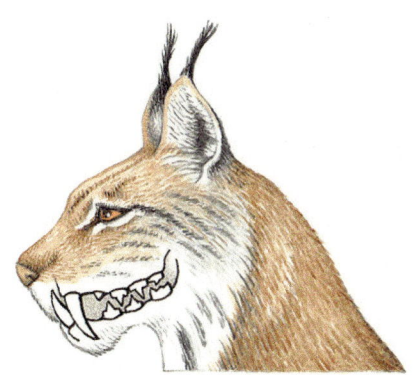

Fleischfresser

Der Luchs jagt junge Rehe und Hirsche, aber auch Füchse, Hasen, Mäuse … Er frisst täglich bis zu 3 kg Fleisch.

MITMACHEN UND NACHDENKEN

2 Besprecht: Woran erkennt man Fleisch- und Pflanzenfresser?

3 Begründe: Warum gehören Reh und Luchs zu den Säugetieren?

Den Wald nutzen und bewahren

1 Betrachte die Bilder. Berichte über die Bedeutung des Waldes.

Wälder sind Erholungsorte

INTERESSANT

- Die Jagd ist in Sachsen gesetzlich geregelt.
- Jagen darf nur, wer eine Jäger-Prüfung gemacht hat und einen Jagdschein besitzt.
- Das Jagen ist nur in bestimmten Jagdbezirken und zu bestimmten Zeiten erlaubt.
- Jagd sorgt dafür, dass es in den Wäldern einen gesunden und gleich bleibenden Wildbestand gibt.
- Die Jagd beachtet die Anforderungen des Tierschutzes.

Im Wald ist es still. Die Bäume spenden Schatten und verbessern die Luft.

Wälder liefern wertvollen Rohstoff

Das Holz der Bäume ist Baumaterial für Fenster, Türen, Möbel und vieles mehr. Holz ist auch der Grundstoff für Papier und Holzkohle.

Wälder liefern uns Nahrungsmittel

Einige Pilze und Beeren, die im Wald wachsen, kann man essen. Das Fleisch von Wildtieren ist ein wertvolles Nahrungsmittel.

Wälder bieten Lärm- und Sichtschutz

Wälder fangen Schall auf. Schon ein 100 Meter breiter Streifen Wald dämmt den Lärm genauso gut wie eine Lärmschutzwand.

Wälder sichern fruchtbaren Boden

Wälder sind Lebensräume für Tiere und Pflanzen

In unseren Wäldern gibt es mehr als 7000 Tierarten und etwa 1200 verschiedenen Arten von Pflanzen, dazu viele Pilzarten.

Die Wurzeln der Bäume verhindern, dass der Boden durch Wasser weggespült wird. Moose und andere Pflanzen saugen das Regenwasser auf. Es sickert langsam in den Boden und bildet wertvolles Grundwasser.

MITMACHEN UND NACHDENKEN

2 Betrachtet die Abbildung „Wälder sichern fruchtbaren Boden". Warum ist der Wald ein Regenfänger und Wasserspeicher?

3 Erkundet, wie ein Wald in eurer Nähe genutzt wird. Nutzt das Internet. Schreibt, fotografiert und zeichnet dazu.

Was unsere Wälder gefährdet

 1 Was ist im Wald passiert? Beschreibe die Bilder.

Waldbrände werden meist durch Unachtsamkeit des Menschen oder seltener durch Blitzeinschlag ausgelöst. Dabei werden ganze Wälder vernichtet.

Bei Trockenheit fehlt den Bäumen das lebensnotwendige Wasser. Die Laubbäume werfen ihre Blätter viel zu früh ab. Auch Nadelbäume vertrocknen.

Schädliche Abgase, wie sie beim Verbrennen von Kohle und Benzin entstehen, wirken direkt auf Bäume oder gelangen mit dem Regen in den Boden.

Waldschädlinge können Bäume krank machen: Borkenkäfer bohren für ihre Larven Gänge in die Rinde und das Holz. Baumpilze zersetzen das Holz.

Nasser Schnee kann für die Äste der Bäume zu schwer werden, dann brechen sie ab. Auch ganze Bäume können umknicken. Nadelbäume sind stärker gefährdet als die kahlen Laubbäume.

Stürme knicken Bäume um oder entwurzeln sie. Beim Umfallen schädigen sie auch andere Bäume. Schnell siedeln sich dort schädliche Insekten an.

Die sächsischen Betriebe der Forstwirtschaft sorgen dafür, dass die Wälder genutzt, erhalten und gepflegt werden. Dazu gehört es auch, Waldschäden zu beseitigen. So werden zum Beispiel durch Sturm umgeknickte Bäume aus den Wäldern geräumt, um dem Borkenkäfer keine Brutstätte zu bieten. Es gibt zahlreiche Überwachungsstationen, damit Waldbrände gemeldet und sofort gelöscht werden können.

Und was macht man gegen Umweltverschmutzung?

Gefährdung der Wälder durch Umwelteinflüsse erfassen; Notwendigkeit der Erhaltung der Wälder in Zusammenhang mit dem Nutzen der Wälder erklären

Falsches Verhalten von Erwachsenen und Kindern im Wald schadet der Natur.

Musik und Lärm belästigt nicht nur die Waldbesucher sondern auch die Tiere. So geht die Freude an den Waldgeräuschen, dem Vogelgezwitscher… verloren.

Wer in Tierbauten herumstochert, der beunruhigt die Tiere. Ameisen werden dadurch gehindert schädliche Insekten zu fressen oder Samen zu verbreiten.

Beim unachtsamen Umherlaufen im Wald können Vogelnester der Bodenbrüter zerstört und Pflanzen und Pilze zertreten werden.

Ausgraben und Abpflücken von Pflanzen zerstört die Vielfalt der Pflanzenwelt. Manche Pflanzen sind selten und stehen sogar unter Naturschutz.

Herumliegender Müll verschmutzt den Waldboden und das Grundwasser. An Glasscherben, Blechbüchsen und Schnüren können sich Tiere verletzen.

Aufgestapelte Stämme, die oft an Forstwegen lagern, sind kein Spielplatz. Unter ihnen verstecken sich viele Tiere. Das Klettern auf diesen Stämmen ist verboten.

 MITMACHEN UND NACHDENKEN

2 Berichtet, was unsere Wälder schädigt.

3 Informiere dich: Was machen Baumpaten?

4 Informationen zu Wäldern findest du unter: www.bmub-kids.de Das ist eine Internetseite des Bundesministeriums für Umwelt, Naturschutz, Bau und Reaktorsicherheit. Lies dort nach.

Der Boden lebt und ist wertvoll

Aus Laubblättern wird Humus.
Von einer 100-jährigen Buche fallen
im Herbst etwa 200 000 Blätter ab.
Im Boden leben winzige Lebewesen.
Sie ernähren sich von den alten Blättern.
Sie zernagen, zersetzen und verdauen sie.
So entsteht Humus, das ist
nährstoffreiche Erde.

Die Humusbildung dauert lange.
Bis aus einem Buchenblatt Erde geworden ist,
vergehen etwa 2–3 Jahre.
So liegt das Laub im Winter
wie eine wärmende Decke über den Samen
und den Bodenbewohnern.
Im Frühling staut sich die Wärme und
die Samen können auskeimen.

 Ihr könnt auf einer Waldexkursion oder
im Schulgarten Laubstreu und Boden
untersuchen.

Es dauert
fast 30 Jahre, bis ein
abgestorbener Buchenstamm
zu Humus
geworden ist.

Kleinstlebewesen im Boden

Springschwanz

Hornmilbe

Maden von Fliegen
und Mücken

Raubmilbe

Tausendfüßer

Ohrwurm

Assel

Saftkugler

Laubstreu untersuchen

Ihr braucht:

- Packpapier,
  Becherlupe,
  Papier/Stift

Geht so vor:

- Hebe die übereinander liegenden Blätter
  der **Laubstreu** und etwas Boden
  vorsichtig an und breite sie nebeneinander
  auf Packpapier aus.
- Achte auf kleine Lebewesen.
  Beobachte einige Lebewesen
  kurze Zeit mit einer Becherlupe.
- Zeichne und schreibe, was du
  beobachtet hast.

Einblicke in die Bedeutung des Bodens gewinnen: Laubstreu untersuchen;
Humus als Bodenverbesserer kennen lernen

Böden im Schulgarten müssen gepflegt werden

Boden lockern

Auflockern des Bodens ist wichtig, weil er dann feinkrümelig und gut durchlüftet wird. Der Boden speichert auf diese Weise mehr Wasser.
Wo viel Luft ist, leben viele kleine Lebewesen. Sie sorgen dafür, dass Pflanzenreste und tote Tiere zersetzt werden.

Boden mulchen

Im Garten schützt ihr den Boden, in dem ihr Mulch ausbringt: Das heißt, zerkleinerte Ernterückstände, Laub und Stroh darauf verteilen. So kann der Boden bei starkem Regen nicht weggespült werden. Zusätzlich kann die Sonne den Boden nicht übermäßig erhitzen und austrocknen.

Boden düngen

Die angebauten Pflanzen entnehmen dem Boden **Nährstoffe**. Wird dann der Boden nicht mit neuen Nährstoffen versorgt, ist er bald ausgelaugt. Um neue Nährstoffe in den Boden zu bringen, könnt ihr Dünger streuen. Am besten nehmt ihr **Kompost**. Das ist ein natürlicher Dünger, in dem sich viele kleine Lebewesen befinden.

Boden wässern

Alle Pflanzen nehmen ihre Nährstoffe in Wasser gelöst durch die Wurzeln auf. Deshalb müssen Gartenpflanzen regelmäßig gegossen werden, wenn es zu wenig regnet.

MITMACHEN UND NACHDENKEN

2 Diskutiert: Was könnte auf eurem Schulhof verändert werden, damit sich Tiere im Boden wohl fühlen?

3 Wofür ist Kompost im Garten nützlich? Informiere dich und berichte.

LEICHTER LERNEN

Schlüsselwörter merken
- Stell dir zu ausgewählten Wörtern Bilder vor. Dann kannst du dir die Wörter leichter merken.

Einblicke in die Bedeutung des Bodens gewinnen; die Verbesserung der Bodenqualität durch Lockern, Mulchen, Düngen und sinnvolles Bewässern diskutieren

33

Papier aus Holz

1 Wählt Aufgaben aus. Forscht nach.

1 „Holz" für Schulhefte

In Deutschland wird Holz unter anderem zu Papier verarbeitet.
Das Holz kommt aus etwa 130 Ländern zu uns.
Um Papier zu produzieren, werden zum Beispiel
in Deutschland, Kanada, Finnland, Schweden und
Russland unzählige Bäume gefällt.
Papier zu sparen schont Wälder, Wasser,
Luft und Boden.

Diskutiert: Wie könntet ihr Papier sparen?

2 Papiersorten

Auf Seite 2 deines Schul-
buches steht, auf welchem
Papier das Buch gedruckt
wurde.
Erkläre, was der Text
bedeutet.

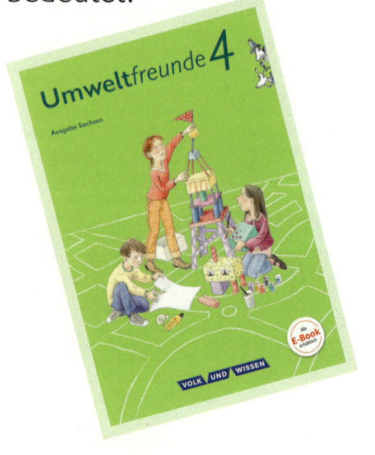

3 Bäume wachsen langsam

Ehe ein Baum groß und mächtig ist
und geerntet werden kann,
vergehen Jahrzehnte.

Buche	130–160 Jahre	Fichte	80–100 Jahre
Eiche	100–150 Jahre	Kiefer	80 Jahre

Berechne:

* Wann könnten die Bäume
  gepflanzt worden sein, die heute
  gefällt werden?
* Wann können die Bäume
  geerntet werden, die heute
  gepflanzt werden?

Warum heißt es:
Forstwirte planen
heute schon
für die Zukunft.

Bedeutung der Wälder für den Menschen erkennen; Nutzung des Holzes zur Herstellung von Papier erfahren;
sorgsamen Umgang mit Papier anregen

Miteinander leben

Wie hat sich das Leben der Menschen in den letzten 100 Jahren verändert?

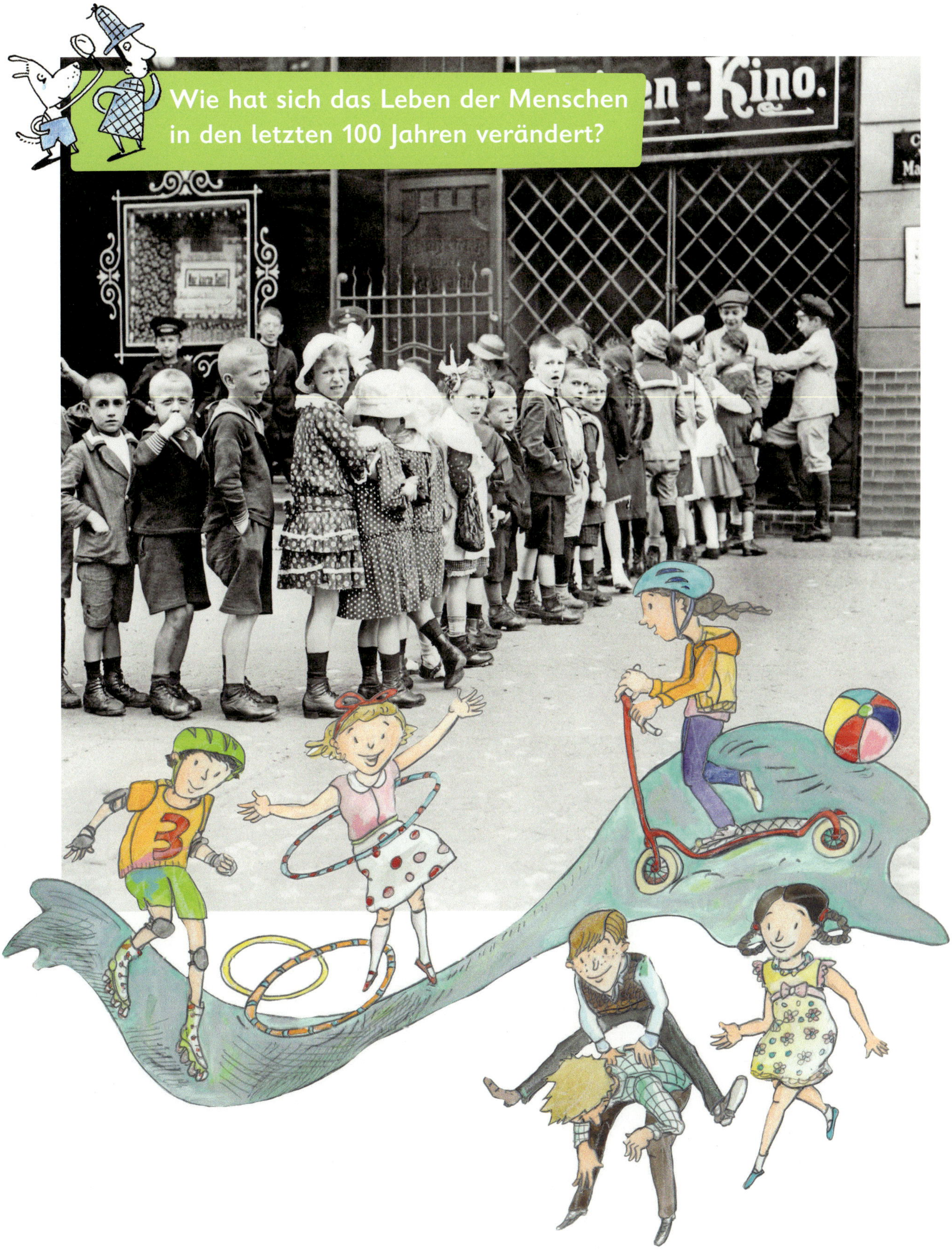

Alles verändert sich – Lebensformen früher und heute

Das Buch *Emil und die Detektive*
hat Erich Kästner im Jahr 1929 geschrieben.
Auf Seite 36 und 37 findest du
Ausschnitte aus dem Kinderbuch.

 1 Lies den Text auf dieser Seite. Schreibe Stichpunkte zum Text auf.
Vergleiche die Beschreibungen mit deinem Leben heute.

*Emil hatte keinen Vater mehr. Doch seine Mutter hatte
zu tun, frisierte in ihrer Stube, wusch blonde Köpfe und
braune Köpfe und arbeitete unermüdlich, damit sie
zu essen hatten und die Gasrechnung, die Kohlen,
die Miete, die Kleidung, die Bücher und das Schulgeld
bezahlen konnte. Nur manchmal war sie krank und lag
zu Bett. Der Doktor kam und verschrieb Medikamente.
Und Emil machte der Mutter heiße Umschläge und
kochte in der Küche für sie und sich. Und wenn sie schlief,
wischte er sogar die Fußböden mit dem nassen
Scheuerlappen, damit sie nicht sagen sollte: „Ich muss
aufstehen. Die Wohnung verkommt ganz und gar."*

(aus: Erich Kästner: Emil und die Detektive.)

> **INTERESSANT**
>
> *Emil und die Detektive*
> wurde allein in
> Deutschland drei Mal
> verfilmt (in den Jahren
> 1931, 1954, 2001).
> 1934 erschien die
> weniger bekannte
> Fortsetzung des Romans
> mit dem Titel „Emil und
> die drei Zwillinge".

 2 Vergleiche: Küchengeräte vor etwa 100 Jahren und heute.

Lebensgewohnheiten von früher kennen lernen; aus literarischer Quelle Informationen
mit heutigen Lebensumständen vergleichen; Alltagsgegenstände vergleichen

Technik verändert sich

*Wer von euch weiß, wie eine Pferdebahn
aussieht? Aber da sie gerade um die Ecke biegt
und hält, weil Emil winkt, will ich sie euch rasch
beschreiben. Bevor sie weiterzuckelt.
Also, die Pferdebahn ist, zunächst mal,
ein tolles Ding. Ferner, die läuft auf Schienen
wie eine richtige erwachsene Straßenbahn
und hat auch ganz ähnliche Wagen, aber es ist
eben doch nur ein Droschkengaul vorgespannt.*

*Für Emil und seine Freunde war der Droschken-
gaul einfach ein Skandal, und sie phantasierten
von elektrischen Bahnen mit Ober- und
Unterleitungen und fünf Scheinwerfern vorn und
drei hinten, aber der Magistrat von Neustadt
fand, dass die vier Kilometer Schienenstrang
ganz gut von einer lebenden Pferdekraft
bewältigt werden konnten. Bis jetzt konnte also
von Elektrizität gar keine Rede sein, und
der Wagenführer hatte nicht das Geringste
mit irgendwelchen Kurbeln und Hebeln zu tun,
sondern er hielt in der linken Hand die Zügel
und in der rechten die Peitsche. Hü hott!*

(aus: Erich Kästner: Emil und die Detektive.)

MITMACHEN UND NACHDENKEN

3 Vergleiche die Pferdestraßenbahn mit einem heutigen Verkehrsmittel.
Erstelle dazu eine Tabelle.

	Pferdebahn	
Fahrweg		
Antrieb		
Geschwindigkeit		
Bequemlichkeit		

4 Stelle 10 Fragen zusammen und befrage Erwachsene: Als du Kind warst,
gab es da schon Computer, Handy, Elektroautos … ?
Berichte über die Ergebnisse in der Klasse.

Die Handtuchweberei früher und heute

Sachsen war und ist ein Textilland. Früher arbeiteten die Weber
an Handwebstühlen, heute bedienen die Textilhersteller moderne Maschinen.
Dafür werden nicht nur Facharbeiter sondern auch Techniker
und Ingenieure gebraucht.

 Vergleiche die Herstellung von Handtüchern früher und heute.

Vor 200 Jahren gab es bereits große Handwebstühle. Für die Handtücher wurden Teile der **Flachspflanze** verwebt. Es entstand ein Flachs- oder Leinengewebe. Die Weber arbeiteten zu Hause oft 14–16 Stunden am Tag.

Beim Weben werden senkrecht und waagerecht verlaufende Fäden verkreuzt. Das glatte Gewebe aus Leinen war meist grob und fühlte sich hart an.

Um die alte Techniken und Traditionen zu pflegen, gibt es jedes Jahr im August in der Oberlausitz zwei Leinenwebertage. Hier wird die alte Handwerkskunst gezeigt. Textilgestalter, Künstler und Kunsthandwerker machen die Leinentage zu einem jährlichen Höhepunkt in der Region.

Frottierhandtücher aus Fasern der Baumwollpflanze gibt es seit etwa 150 Jahren. Das Gewebe hat an der Oberfläche kleine Schlingen. Es ist weich und saugfähig. Für das Weben von Frottier wurden besondere Handwebstühle hergestellt.

Die Weber verkauften ihre Ware direkt von zu Hause oder in kleinen Läden. In späterer Zeit lieferten sie die Waren an Händler oder Fabrikanten, die die Textilien weiter verarbeiteten. Als der mechanische Webstuhl erfunden war, wurden viele Heimarbeiter arbeitslos. Um ihre Familien ernähren zu können, mussten sie für wenig Lohn 10–12 Stunden am Tag in den Textilfabriken arbeiten. In den Fabrikhallen standen die mechanischen Webstühle. Mit ihnen konnten die Weberinnen und Weber in kurzer Zeit viel mehr Stoff produzieren als mit den Handwebstühlen.

Vergleich der Arbeitsbedingungen früher und heute am Beispiel der Weberei vornehmen;
Weiterentwicklung der Technik erfassen

Heute gibt es moderne computer-gesteuerte Frottierwebmaschinen, auf denen Handtücher hergestellt werden. Diese Webmaschinen können nicht nur verschiedene Muster, sondern auch Schriften und Bilder in die Handtücher einweben. Dazu gibt ein Programmierer das geeignete Programm ein.

Frottiergewebe können auch bedruckt oder bestickt werden. Dann setzt man zusätzlich Textildruckmaschinen oder Textilstickmaschinen ein. Mit dem Digitaldruck, bei dem das Bild direkt vom Computer in eine Druckmaschine übertragen wird, können sogar Fotos auf Handtücher gedruckt werden.

Heinrich Mauersberger, ein Erfinder aus Sachsen, entwickelte von 1946–1949 ein neues Verfahren zum Herstellen von Textilien, die Nähwirktechnik.

Diese neue Nähwerktechnik bekam den Namen Malino.
Der Markenname setzt sich aus den Anfangsbuchstaben des Erfinders der Maschine und seiner Heimatstadt zusammen: **Ma**uersberger **Lim**bach-**O**berfrohna.

Seine Nähwirk-Maschinen wurden in Chemnitz hergestellt und in viele Länder verkauft, zum Beispiel nach Schweden, Japan, sogar in die USA. Sie waren unter anderem deshalb beliebt, weil sie die Textilien 20-mal schneller als Webmaschinen produzierten.
Bis heute wird das Nähwirkverfahren noch in der Industrie und in der Raumfahrt für Spezialtextilien wie Abdeckplanen, Polsterstoffe, Traglufthallen … genutzt.

 **MITMACHEN UND NACHDENKEN**

3 In welchem Landkreis Sachsens liegt die Stadt Limbach-Oberfrohna?

4 Lies im Internet nach, wie gewebt wird. Du kannst es auf einem Pappteller versuchen.

LEICHTER LERNEN

Sachen ausprobieren
Probiere aus, wie Arbeitsvorgänge funktionieren, zum Beispiel das Weben. Dann kannst du dir die Vorgänge besser vorstellen und erklären.

Interessantes von früher

 Wähle Aufgaben aus. Forsche nach.

1 Kinderspiele früher

Informiere dich in Büchern,
im Internet oder frage
deine Eltern oder Großeltern
nach einem Spiel, das früher
gespielt wurde.
Schreibe die Regeln des Spiels
auf. Male oder klebe auch
Bilder dazu.

Sammelt eure Ergebnisse
in der Klasse als Spielebuch.

2 Autos – Technik verändert sich

Sammelt Bilder von alten und
neuen Autos.
Gestaltet mit den Bildern
eine Wandzeitung. Schreibt kurze
Texte zu den Bildern.

3 Brötchen-Fabrik

Die meisten Brötchen, die in den Supermärkten
und bei vielen Bäckern verkauft werden,
werden heute mit Hilfe von
großen Maschinen produziert.

Und wie war es früher? Informiere dich
und stelle deine Ergebnisse
auf einem Plakat vor.

Veränderungen der Lebensgewohnheiten im Verlauf der Zeit erkennen; Kinderspiele von früher kennen lernen;
technische Weiterentwicklung von Autos aufzeigen; Produktionskette von Brötchen früher und heute erforschen

Im Winter

Warum brennt ein Feuer?

Ich sammle das Brennmaterial.

Ich sichere das Feuer.

Ein Feuer brennt – ein Feuer löschen

1 Erkläre: Unter welchen Bedingungen entsteht ein Feuer?

Der Brennstoff muss auf eine Entzündungstemperatur erhitzt werden, bei Holz ist das eine Temperatur von 300 °C.
Das kann durch ein brennendes Streichholz, die Zündquelle, geschehen.

Sauerstoff aus der Luft muss hinzukommen.

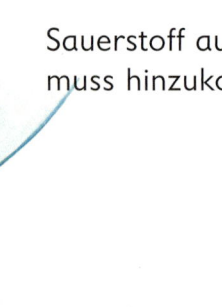

Ein Brennstoff muss vorhanden sein, zum Beispiel Holz, Kerzenwachs oder …

2 Vermute: Welcher Teil der Kerze brennt? Beobachte und beschreibe die Färbung der Flamme.

Das sind die Teile eines Teelichtes:

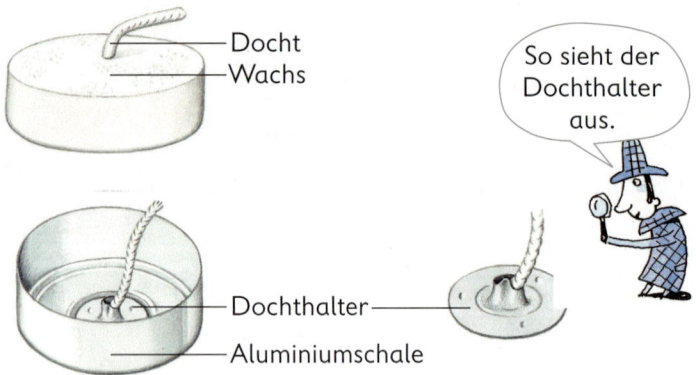

Docht
Wachs

So sieht der Dochthalter aus.

Dochthalter
Aluminiumschale

So brennt das Teelicht:

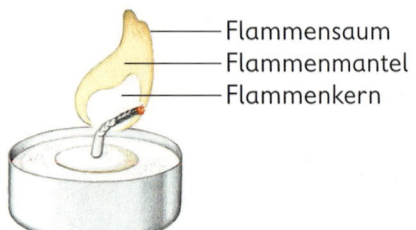

Flammensaum
Flammenmantel
Flammenkern

Bedingungen zum Entstehen eines Feuers erklären; Teile einer Kerze benennen und den Brennvorgang erläutern; vermuten, welcher Teil einer Kerze brennt (Wachs, gasförmig)

Ein Feuer wird gelöscht, wenn man mindestens eine Brandbedingung beseitigt:

Ein Feuer im Kamin erlischt,
wenn kein Feuerholz nachgelegt wird.
Dem Feuer wird der Brennstoff
entzogen.

Brennt Papier, kann man es
mit Wasser löschen.
Das Wasser kühlt und setzt
die Temperatur herab.
Das Wasser wirkt als Löschmittel, weil
es selbst erwärmt wird und verdampft.

Den Brand in einer Pfanne muss man
ersticken – zum Beispiel mit einem
Topfdeckel.
Dem Feuer wird der Sauerstoff
entzogen.
Hier nie Wasser nehmen! Es können
hohe **Stichflammen** entstehen!
Verbrennungs- und Lebensgefahr!

Die Flamme einer Kerze nicht
auspusten, sondern mit einem
Kerzenlöscher oder einem Metalllöffel
ersticken.
Dem Feuer wird der Sauerstoff
entzogen.

 **MITMACHEN UND NACHDENKEN**

3 Schreibe Brandschutzregeln auf,
die in eurer Schule gelten.

Löschen eines Feuers an Beispielen kennen lernen; Verhaltensweisen beim Umgang
mit Feuer festigen; Brandschutzregeln in der Schule aufschreiben
AH S.22/23
43

Feuer – Nutzen und Gefahren

1 So nutzen wir heute das Feuer. Ordne die Fotos den Aussagen zu.

Wir nutzen das Feuer

- um uns zu wärmen.
- um zu kochen, zu braten und zu grillen.
- um Material zu erhitzen.
- um Licht zu haben.
- um Strom zu erzeugen.
- um zu fahren.
- um zu fliegen.
- um zu **schweißen**.

Nutzen des Feuers an Beispielen erklären;
Fotos beschreiben, die Aussagen den Fotos zuordnen

Das sind häufige Brandursachen:

- Brände können durch Unachtsamkeit entstehen,
  zum Beispiel eine Herdplatte wird nicht abgeschaltet.
- Brände können durch technische Defekte entstehen,
  zum Beispiel **Kurzschluss** in einer elektrischen Leitung.
- Brände können natürlich entstehen,
  zum Beispiel durch Blitzeinschlag.
- Brände können durch menschliches Fehlverhalten geschehen:
  eine brennende Zigarette verursacht einen Waldbrand.

Das sollte zum Schutz vor Brandrauch und Feuer in jedem Haushalt vorhanden sein:

In Sachsen gibt es
die Rauchmelderpflicht.
Rauchmelder müssen
nicht nur in Wohnungen
sondern auch
in öffentlichen Gebäuden
wie Kindergärten
eingebaut sein,
um Brandrauch frühzeitig
zu melden.

In jedem Haushalt sollte
ein Feuerlöscher sein,
um ein Feuer im Keim
zu ersticken.
Ein Feuerlöscher muss
im Ernstfall einwandfrei
funktionieren.
Deshalb muss er
alle 2 Jahre fachgerecht
überprüft werden.

Fluchtwege in Gebäuden sind durch Schilder
gekennzeichnet. Diese Wege führen im Fall
einer notwendigen Flucht bei einem Brand
oder Alarm über kurze Wege ins Freie.
Sie können verschieden aussehen:

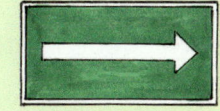

MITMACHEN UND NACHDENKEN

Notruf

112

2 Informiert euch über Verhaltensregeln in der Schule
bei Bränden und anderen Gefahren.

Ursachen von Bränden lesen und Verhaltensweisen beim Umgang mit Feuer diskutieren;
notwendige Vorsorge vor Brandgefahren kennen lernen

45

Gute und schlechte Wärmeleiter

Wenn du einen Schneeball in die Hand nimmst,
dann spürst du, dass er kalt ist.
Deine Hände werden kalt. Die Wärme von deinen Händen
wird zum Schneeball übertragen.
Der Schneeball beginnt zu schmelzen.
Wärme wird immer von einem wärmeren Körper
auf den kälteren Körper übertragen.
Man nennt den Vorgang Wärmeleitung. Es gibt gute und schlechte Wärmeleiter.

 Ein Gedankenexperiment: Betrachte das Bild. Löse die Aufgabe.

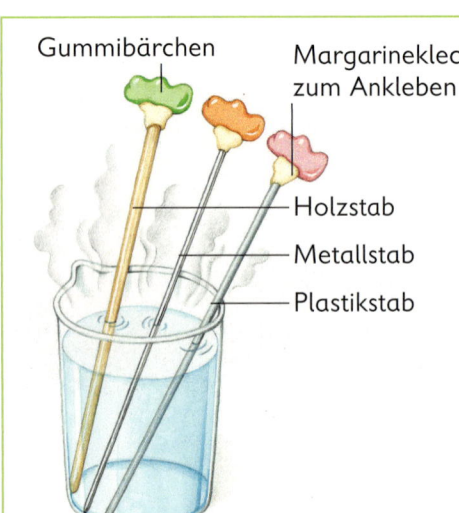

Gummibärchen

Margarineklecks
zum Ankleben

Holzstab

Metallstab

Plastikstab

- An drei Stäben aus Holz, Metall und Plastik wird jeweils ein Gummibärchen befestigt.
- Alle drei Stäbe werden gleichzeitig in ein Gefäß mit heißem Wasser gestellt.

Welches Bärchen kann die Aussicht nur kurze Zeit genießen? Begründe.

 Zeichne eine Pfanne und einen Eisbecher.
Schreibe darunter, aus welchem Material
du die Pfanne und den Eisbecher herstellen würdest.
Begründe die Auswahl des Materials.

So verhalten sich verschiedene Materialien:

- Metall leitet die Wärme schnell weiter.
  Metall ist ein guter Wärmeleiter.
- Plastik und Holz sind dagegen
  schlechte Wärmeleiter.

Das kannst du heute zu Hause beim Teetrinken ausprobieren.
Stelle in den heißen Tee einen Metalllöffel und einen Plastiklöffel.
Was passiert?

Gute und schlechte Wärmeleiter an Beispielen erkennen;
kausale Zusammenhänge erklärten, z.B. wenn – dann

In der Küche wird gekocht und gebacken.
Die Materialien für das Küchenzubehör müssen somit
die Wärme gut leiten, kaum leiten oder die Wärme halten.

In einem Kochtopf aus **Gusseisen** verteilt sich
die Wärme beim Kochen gleichmäßig auf den Boden
und die Wände des Topfes.
Er speichert die Wärme sehr gut, bleibt lange heiß
und hält Speisen auch beim Servieren warm.

Die Pfanne hat einen Griff aus Plastik.
An dem kann man sich nicht die Hände
verbrennen, denn die Wärme der Metallpfanne
wird kaum weitergeleitet.

Mit einem Toaster kann man Brot knusprig rösten.
Die metallenen Heizelemente im Inneren des Gerätes
werden mit elektrischem Strom erhitzt. Sie leiten die
Wärme an das Brot weiter. Das Kunststoffgehäuse
des Toasters aber leitet die Wärme nicht. Deshalb
wird es während des Toastens auch nicht heiß.

MITMACHEN UND NACHDENKEN

3 Forsche nach: Wo befinden sich in oder
an Küchengeräten gute und schlechte Wärmeleiter?
Lege eine Tabelle an.

Küchengerät	Material	Wärmeleitung	
		gut	schlecht
Pfanne	Aluminium Pfannenstiel: Holz		

Gute und schlechte Wärmeleitung an Küchengeräten erkunden; Material der Küchengeräte
erklären; eine Tabelle zu guten und schlechten Wärmeleitern anlegen

47

Brennen – löschen – Wärme leiten

1 Wähle eine Aufgabe aus. Forsche nach.

---

1 **Teelichte brennen** **EXPERIMENT**

Vermutet: Wie lange brennen die Teelichte?

Ihr braucht:

- drei Teelichte, Streichhölzer
- Uhr mit Sekundenzähler
- drei feuerfeste Gläser in unterschiedlichen Größen
- einen offenen Glaszylinder
- einen feuerfesten Untersatz

Geht so vor:

- Zündet drei Teelichte an.
- Stülpt gleichzeitig über jedes Licht ein Glas.
- Messt, wie lange jedes der drei Teelichte brennt.
- Notiert die Ergebnisse.

Erklärt das Ergebnis.

Lest eure Notizen zum Versuch. Stellt Zusammenhänge her.
Nutzt Wörter wie: damit, wenn – dann, weil obwohl, trotz, sonst,
dies hängt zusammen mit.

---

2 **Brände löschen**

Vermute: Wie sind solche Brände zu löschen?

Lege eine Tabelle an.

brennendes Material	Löschmittel

Versuchsreihe zum Brennvorgang einer Kerze durchführen; kausale Zusammenhänge klären; Möglichkeiten zum Löschen von Bränden in einer Tabelle notieren   **AH** S. 24/25

Das tut mir gut

Was kann ich tun, um gesund zu bleiben?

Tipps für deine Gesundheit

 1 Bildet Gruppen. Jede Gruppe liest einen Tipp. Ergänzt die Inhalte. Jede Gruppe trägt anschließend ihre Ergebnisse vor.

Krankheiten kündigen sich meist vorher an, der Arzt sagt: Es zeigen sich „**Symptome**". Du frierst, hast gar Schüttelfrost. Du fühlst dich schwach oder hast Schmerzen. Das Essen schmeckt nicht. Manchmal verändert sich auch die Haut – sie juckt oder Pusteln erscheinen. So wehrt sich der Körper gegen die Krankheit, bei manchen Menschen zeigt sich Fieber. Deshalb: Bei Krankheitszeichen sofort zum Arzt!

Essen und Trinken sind wichtig für unsere Energie und unsere Gesundheit. Doch nicht alles, was schmeckt, ist auf die Dauer gesund. Deshalb solltest du dich über gesunde Ernährung informieren.
Vier Gefahren können beim Essen auftreten:
- zu wenig essen, um schlank zu bleiben,
- zu viel essen,
- sich einseitig ernähren,
- sich ungesund ernähren, nur Kartoffelchips, Tütensuppen oder Cola als Hauptnahrung

Viele Kinder sitzen zu viel: in der Schule, vor dem Computer, vor dem Fernseher. Dein Körper braucht aber Bewegung. Deshalb solltest du als Ausgleich Sport treiben. Es gibt viele verschiedenen Sportarten, die Spaß machen: mit anderen Fußball spielen, schwimmen, Rad fahren, laufen, wandern, skaten, Leichtathletik, Ballett, Bogenschießen, Tischtennis …

Tägliches Waschen, Kämmen, Zähne putzen hilft dir gesund zu bleiben. Auch das regelmäßige Wechseln der Kleidung trägt dazu bei.

Sich zu gesunder Lebensweise positionieren: gesunde Ernährung, regelmäßige Bewegung, Körperpflege

Jeder Tag ist anders. Doch einige Ereignisse kehren immer wieder: die Mahlzeiten, das Schlafen, die Zeiten zum Lernen oder Spielen.
Regelmäßigkeit gliedert deinen Alltag, macht ihn übersichtlicher und du kannst dich daran orientieren. Hast du eine wiederkehrende Sache, die dir den Tag verschönt? Zum Beispiel vor dem Schlafengehen in einem Buch lesen.

Freundinnen und Freunden sind wichtig fürs Leben.
Mit ihnen kannst du den Tag verbringen, spielen,
ins Kino gehen. Du kannst sie um Rat fragen,
dich mit ihnen streiten und wieder vertragen.
Ihr könnt euch gegenseitig trösten und euch helfen.
Mit Freunden hast du Gemeinsamkeiten,
aber ihr seid auch unterschiedlich.
In einer Freundschaft werdet ihr euch nicht immer einig sein, aber Freunde und Freundinnen bieten uns Unterstützung und Halt in schwierigen Situationen.

Alkohol kann einen lustig werden lassen –
jedenfalls fürs Erste.
Am Anfang trinkt man nur wenig,
dann ein bisschen mehr und schließlich wird es zur Gewohnheit, Alkohol zu trinken.
Am Ende kann man vom Alkohol nicht mehr lassen.
Dann ist man süchtig. Und meist merkt
die betroffene Person es gar nicht gleich.
Es gibt noch viele andere Süchte: Spielsucht am Computer, Handysucht, Naschsucht, Fernsehsucht, Magersucht. Wer süchtig ist, ist krank.

MITMACHEN UND NACHDENKEN

2 Stelle eine Liste zusammen, was du zur Körperpflege brauchst.

3 Womit könntest du deiner besten Freundin oder
deinem besten Freund eine Freude machen?
Überlege dir etwas, das kein Geld oder nur wenig Geld kostet.

4 Zeichne ein Cluster zu den Gesundheitstipps.

Atmung und Pulsschlag

 Lies den Text. Erkläre, warum du atmen musst.

Ohne Nachzudenken atmen wir ständig ein und aus. Dadurch versorgen wir unseren Körper mit Sauerstoff, den wir der Luft entnehmen. Unser Körper braucht den **Sauerstoff** um die Muskeln zu bewegen oder um Nährstoffe aus der Nahrung zu gewinnen. Wir atmen die Luft durch Mund oder Nase ein, dann strömt sie durch den Rachenraum in die Luftröhre und anschließend in die Hauptbronchien der Lungenflügel. Dort gelangt der Sauerstoff der Luft ins Blut und wird so im Körper verteilt. Beim Ausatmen geben wir die „verbrauchte Luft" wieder ab. Wir benötigen pro Minute zwischen 5 und 7 Liter Luft.

INTERESSANT

- Kinder atmen in der Minute etwa 20-mal ein und aus.
- Beim normalen Atmen wird ungefähr ein halber Liter Luft aufgenommen.
- Mit dem Gähnen atmet man auch ein. Wissenschaftler haben herausgefunden, dass wir dabei unser Gehirn kühlen und dann wacher werden.

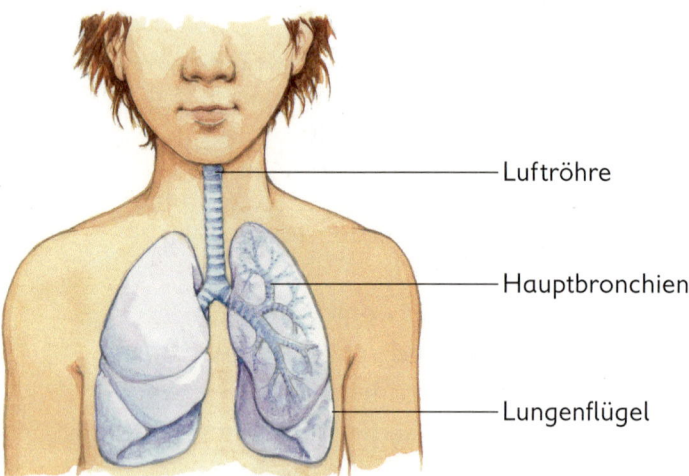

— Luftröhre

— Hauptbronchien

— Lungenflügel

Die Atemfrequenz messen

EXPERIMENT

Wie verändert sich meine Atemfrequenz bei körperlicher Anstrengung? Die Atemzüge, das Ein- und Ausatmen pro Minute, nennt man Atemfrequenz.

Du brauchst:

- eine Stoppuhr

Gehe so vor:

- Schätze deine Atemfrequenz pro Minute.
- Miss deine Atemfrequenz pro Minute – in Ruhe und nach mehreren Kniebeugen.
- Trage deine Ergebnisse in eine Tabelle ein.

Meine Atemfrequenz (Atemzüge pro Minute)		
geschätzt	gemessen in Ruhe	gemessen nach Kniebeugen

S. 2/3, S. 6/7

Sport trainiert die Lunge und den Blutkreislauf. Beim Laufen, Schwimmen oder Rad fahren wird mehr Sauerstoff gebraucht. Das merkst du, wenn du „außer Puste" bist und schneller atmest. Damit der Sauerstoff schneller in alle Organe gelangen kann, schlägt dein Herz auch schneller.

Der Puls gibt an, wie häufig das Herz schlägt.
Er zeigt auch, ob das Herz regelmäßig schlägt und das Blut durch die Adern pumpt.
Der Ruhepuls eines 10-jährigen Kindes beträgt 90 Schläge in der Minute.

Der Ruhepuls ist der niedrigste Puls, der ohne körperliche Belastung in Ruhe gemessen wird. Am besten misst du ihn morgens im Bett liegend.

Pulsvergleich ohne und mit 5-Kilo-Gewicht EXPERIMENT

Du brauchst:

- Stoppuhr
- Rucksack
- 5-Kilo-Gewicht oder 5 kg Bücher
- Notizblock, Stift
- Treppen

Gehe so vor:

- Jeder zählt seine Pulsschläge in einer Minute.
- Jeder läuft dann so schnell er kann zwei Stockwerke hoch. Messt danach sofort wieder den Puls.
- Wiederholt den Versuch nach 10 Minuten mit einem 5-Kilo-Gewicht im Rucksack.

Puls		
normal	nach Treppenlauf	mit Zusatzgewicht

- Vergleicht die Ergebnisse. Findet eine Erklärung.

Puls bedeutet „schlagen" oder „klopfen".
Den Puls kannst du am Handgelenk ertasten und messen.
An ihm nimmst du deinen Herzschlag wahr.

MITMACHEN UND NACHDENKEN

2 Warum fördert regelmäßige Bewegung und Sport die Gesundheit?

3 Was bedeutet Übergewicht für die Herzleistung? Denke an das Experiment zum Pulsvergleich.

Ein Gefühlswirrwarr

1 Betrachte die Mindmap. Beschreibe die Situationen.
Kennst du auch solche Gefühle?

MAGISCH ANGEZOGEN

VERLIEBT SEIN

ROSAROTE BRILLE

SCHMETTERLINGE IM BAUCH

FUSSBALL FAN

BEGEISTERT SEIN

GEFÜHLE AUF UND AB

SICH HÄSSLICH FINDEN

SCHLECHTE LAUNE HABEN

EINFACH SO!

KEINE NACHRICHT

FRÖHLICH MAL SO

TRAURIG MAL SO

Merkmale der Pubertät kennen;
sich zu gesunder Lebensweise positionieren

FÜR EINEN POP STAR SCHWÄRMEN

KOCHEN LIEBEN

STRESS MICH NICHT!

Räum jetzt endlich auf, sonst...!

WÜTEND WERDEN

NIE DARF ICH...

Um 18:00 Uhr bist du Zuhause!

KEIN BOCK

Bring die Bücher weg!

ÜBERTREIBEN

ZUM TOTLACHEN

GEFÄHRLICH?

MITMACHEN UND NACHDENKEN

2 Schreibe die Gefühls-Wörter aus der Mindmap auf.

3 Welche Wörter verbindest du mit angenehmen Gefühlen, welche mit unangenehmen Gefühlen? Ordne zu.

Pubertät – was ist das eigentlich?

1 Schreibe unbekannte Wörter aus dem Text heraus.
Sucht gemeinsam im Glossar, in Büchern oder im Internet nach Erklärungen.

Pubertät ist die Zeit, in der sich ein Mädchen zur Frau und ein Junge zum Mann entwickeln. Du bist kein Kind mehr, aber auch noch kein Erwachsener. Das kann manchmal ganz schön schwierig sein. In dieser Zeit verändert sich dein Körper, außerdem ist im Kopf einiges los. Der Grund dafür sind **Hormone**. Sie verändern deinen Körper äußerlich. Manchmal spielen auch die Gefühle verrückt!
Spiele, die du vorher gerne gespielt hast, findest du jetzt einfach nur noch kindisch. Kleine Geschwister können nerven und manche Dinge sind plötzlich total peinlich. Deine **Intimsphäre** ist dir jetzt ganz wichtig. Wenn du das Gefühl hast, jemand tritt dir zu Nahe oder bedrängt dich, sage laut und deutlich: „Ich möchte das nicht!"

Auch im Inneren deines Körpers verändert sich in der Pubertät sehr viel.
Die Geschlechtsorgane entwickeln sich. Mädchen und Jungen sind nun **geschlechtsreif**. Weil dein Körper sich nur langsam an die starken Veränderungen gewöhnt, dauert die Pubertät mehrere Jahre.

Gefühle

Merkmale der Pubertät kennen; Ängste und Scham abbauen; Möglichkeiten des Schutzes vor
sexueller Gewalt und Wahrung der Intimsphäre thematisieren, auf emotionale Erfahrungen eingehen

S. 6/7

Äußerlich und Innerlich

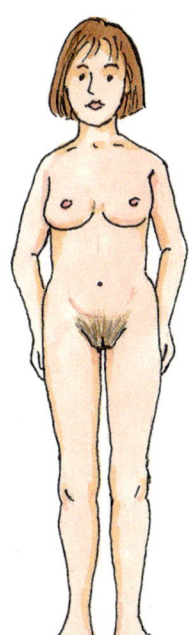

- Die Brüste wachsen.
- Haare wachsen unter den Achseln und an der Scheide.
- Der Körper wird weicher und runder.
- Das Becken wird breiter.

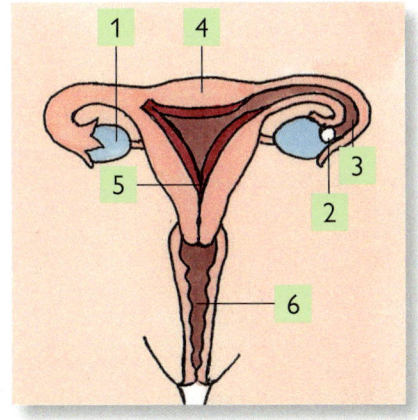

Bei Mädchen kann die Pubertät bereits mit 10 Jahren beginnen. Jeden Monat wird nun im Eierstock 1 eine Eizelle 2 reif. Sie wandert durch den Eileiter 3 in Richtung Gebärmutter 4 .

Dort hat sich eine gut durchblutete Schleimhaut 5 gebildet, in der sich eine befruchtete Eizelle einnisten kann.
Wird die Eizelle nicht befruchtet, wird die Schleimhaut abgebaut. Dabei fließt Blut aus der Scheide 6 . Diese Blutung dauert etwa vier bis fünf Tage. Man nennt sie auch Regel, Tage oder Menstruation. Ab der ersten Regel können Mädchen schwanger werden.

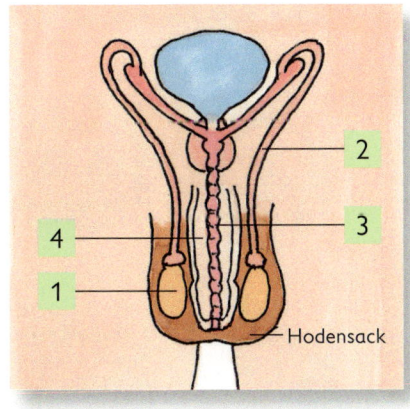

- Die Schultern werden breiter.
- Der Penis wächst.
- Der Kehlkopf wird größer, wodurch die Stimme tiefer wird (Stimmbruch).
- Haare wachsen am Kinn (Bart), unter den Achseln und am Penis.

Hodensack

Bei Jungen beginnt die Pubertät meist etwas später als bei Mädchen. In den Hoden 1 bilden sich nun mehrere Millionen Samenzellen (Spermien). Über die Samenleiter 2 und die Harnröhre 3 fließen sie in den Penis 4 . Der Penis wird dann häufig im Schlaf steif und hart und es kommt zu einem Samenerguss. Dabei fließt die weiße Samenflüssigkeit aus dem Penis heraus. Vom ersten Samenerguss an können Jungen Kinder zeugen.

MITMACHEN UND NACHDENKEN

2 Erkläre, was sich bei Jungen und Mädchen in der Pubertät verändert.

Körperliche Merkmale von Frau und Mann und deren Entwicklung in der Pubertät kennen lernen; über geschlechtsspezifische Merkmale sprechen (Körperbau, Stimmlage) AH S.28/29  S. 2/3, S. 6/7 57

Wie ein Baby entsteht

 Lies den Text. Betrachte die Bilder. Wie entsteht ein neues Leben?

Ein Baby entsteht, wenn eine reife Eizelle der Frau mit einer Samenzelle des Mannes zusammentrifft.

Aber wie kommt es dazu?

Wenn Mann und Frau sich sehr gern haben, dann streicheln sie sich und sind zärtlich zueinander. Beide wollen ganz nah zusammen sein. Sie haben Sex. Beim Sex wird der Penis des Mannes steif und gleitet in die Scheide der Frau. Das ist für beide

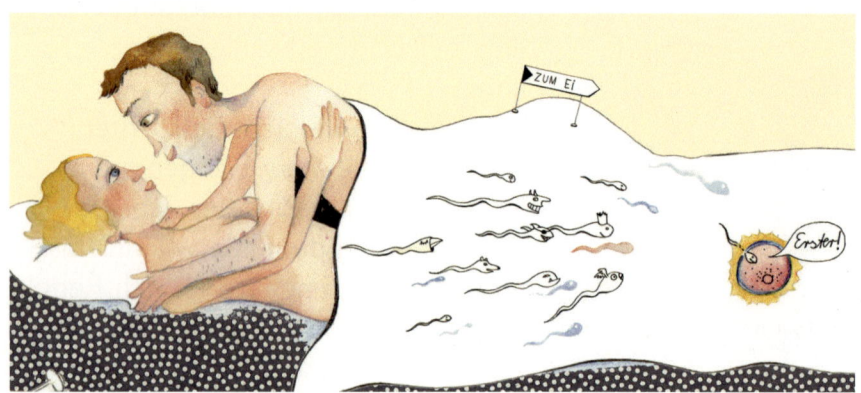

ein wunderbares Gefühl. Dabei fließen viele Samenzellen aus dem Penis in die Frau und machen sich wie bei einem Wettschwimmen auf den Weg zur Eizelle. Diese befindet sich im Eileiter.

Nur eine einzige Samenzelle schlüpft in die Eizelle hinein und befruchtet das Ei. Sie verschmelzen, die Eizelle ist nun befruchtet.

Ich habe die Zellteilung am Computer simuliert!

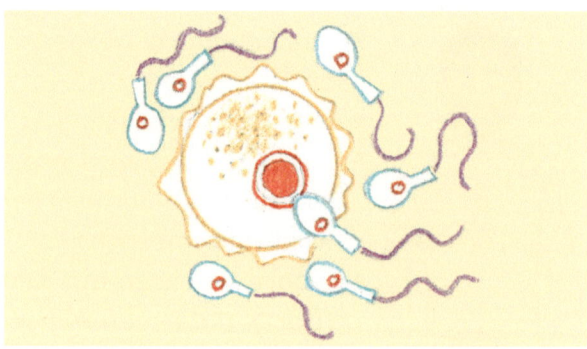

Eizelle und Samenzelle sind so klein, dass man sie nur unter dem **Mikroskop** sehen kann

Die befruchtete Eizelle beginnt sich zu teilen. Erst in zwei Zellen, dann in vier und immer so weiter. Es entsteht ein kleiner Zellklumpen. Der nistet sich in der Gebärmutter ein. Anfangs nennt man das entstehende Lebewesen Embryo, nach 9 Wochen Fötus und später schon Baby.

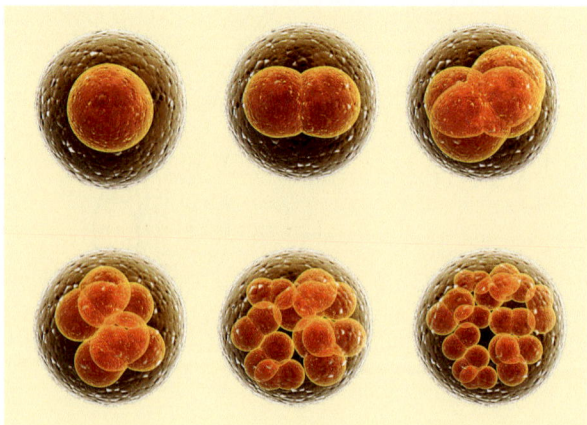

Einblick in die Entstehung eines neuen Lebens im Zusammenhang
mit menschlichen Beziehungen gewinnen; den Vorgang der Zeugung besprechen

S. 2/3, S. 6/7

2 Lies den Text. Betrachte die Bilder. Wie entwickelt sich ein neues Leben?

1. Monat

2. Monat

3. Monat

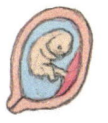

4. Monat

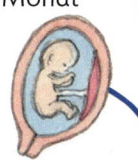

5. Monat

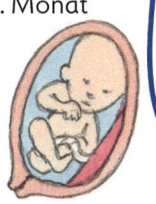

6. Monat

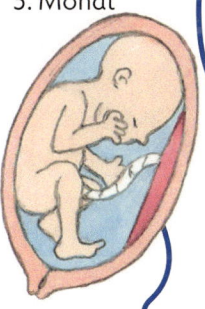

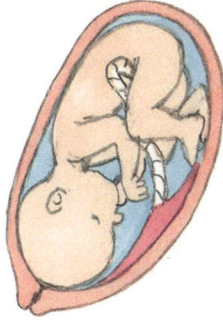

Das Baby entwickelt sich

Das Kind wächst in der Gebärmutter.
Dort ist es von einer festen Blase,
der Fruchtblase, umgeben. In der Fruchtblase
schwimmt das Kind im Fruchtwasser.
Das Wasser schützt das Baby zum Beispiel
vor Stößen oder zu lauten Geräuschen.
Wenn die Mutter läuft, wird es hin und her
geschaukelt wie in einer Wiege.
Die Schwangerschaft dauert 9 Monate,
also etwa 40 Wochen. In der Zeit ist das Kind
über eine Nabelschnur mit der Mutter
verbunden. Über die Nabelschnur erhält
es Nahrung und Sauerstoff.
Alles, was die Mutter isst, trinkt und erlebt,
beeinflusst die Entwicklung des Kindes.
Eine gesunde Lebensweise der Mutter ist daher
für das Kind sehr wichtig.

Das Kind ist kleiner als ein Apfelkern. Aber das winzige Herz schlägt schon!

Jetzt zeigen sich schon Kopf, Arme und Beine. Das Kind kann mit den Händchen greifen und den Füßen wackeln.

Das Kind hört Geräusche aus der Umgebung: Stimmen, Musik, das Herzklopfen der Mutter. Es ist etwa 25 cm groß. Auch ist zu erkennen, ob das Baby einen Penis oder eine Scheide hat.

Es schlägt Purzelbäume und strampelt.

Fast fertig! Das Kind ist nun etwa 40 cm groß. Es hat sich schon in die Geburtsrichtung gedreht.

Es geht los: Das Kind schiebt sich durch die Scheide der Mutter in Richtung Welt. Und mit dem ersten Schrei begrüßt es seine Familie.

7. Monat

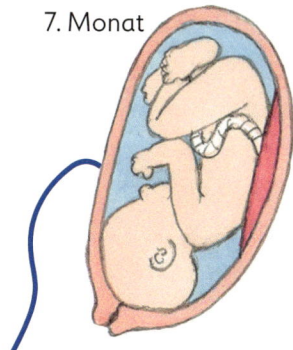

8. Monat

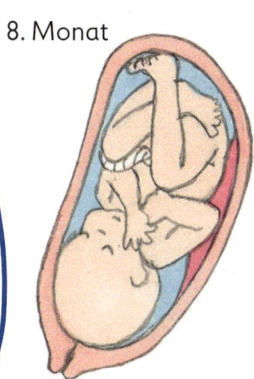

9. Monat

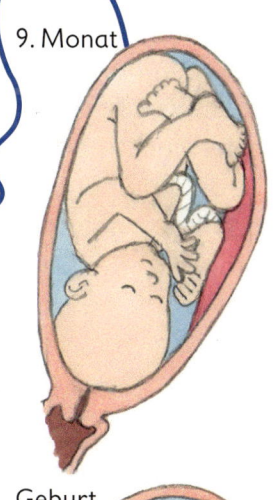

Geburt

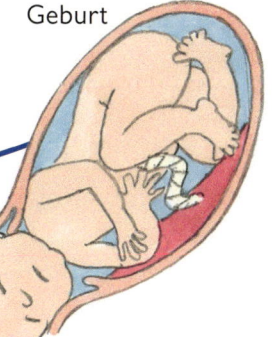

Einblick in die Entwicklung neuen Lebens gewinnen; die Entwicklungsstadien innerhalb der neun Monate kennen lernen; Einflussnahme auf die gesunde Entwicklung des Kindes und die Geburt besprechen

S. 6/7   59

Was ein Säugling braucht

 Was braucht ein Baby im ersten Lebensjahr? Erzähle.

Viel Schlaf

Babys schlafen bis zu 18 Stunden am Tag. Im Schlaf sammeln sie Kräfte, um die vielen neuen Eindrücke des Tages zu verarbeiten. Tag und Nacht kennen sie noch nicht. Deshalb werden sie nach mehreren Stunden Schlaf wach, melden sich und haben Hunger.

Regelmäßige Nahrung

Viele Mütter geben ihren Babys Muttermilch als erste Nahrung. Sie ist wertvolle Nahrung und enthält auch **Abwehrstoffe** gegen Krankheiten. Am Anfang wird das Baby etwa alle vier Stunden gefüttert, auch in der Nacht.

Regelmäßige Körperpflege

Ein Baby muss regelmäßig eine neue Windel bekommen, damit der Po nicht wund wird. Beim Wickeln wird der Po mit klarem Wasser oder Feuchttüchern gesäubert.
Sobald der Bauchnabel richtig verheilt ist, kann das Baby gebadet werden. Wenn es dabei planscht, fühlt es sich wohl.

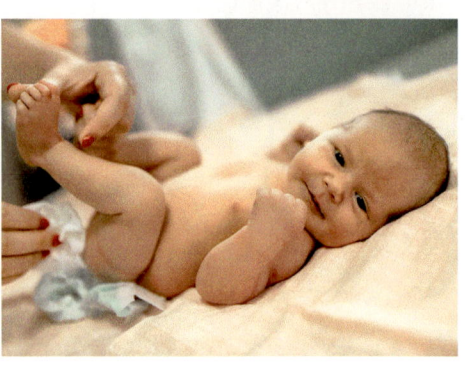

Hatte ich auch Windeln?

Frische Luft

Frische Luft ist auch für Babys gesund. Sie spüren den Temperaturunterschied zwischen der Wohnung und der Außenluft. Am besten ist die Luft im Grünen, zum Beispiel im Park. Die Babys können dann auch besser schlafen.

Spiel und Spaß

Schon mit zwei Monaten schaut das Baby kurze Zeit auf Gegenstände wie zum Beispiel ein Mobile über dem Bett oder die Cremetube beim Wickeln. Später dreht es den Kopf und lauscht, woher verschiedene Töne kommen. Es freut sich über kurze Kinderlieder, Fingerspiele, Reime … Schließlich kann es nach einigen Monaten sitzen und dann auch krabbeln.

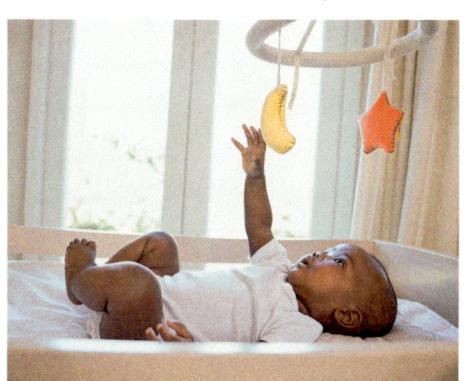

Viel Liebe und Zuwendung

Nähe und ein liebevoller Umgang sind für das Baby lebensnotwendig. Es braucht die Körperwärme, das Streicheln und den Körperkontakt zu vertrauten Menschen: Mutter, Vater, Geschwister, Großeltern …

Manche Eltern tragen ihr Baby deshalb unterwegs am Körper in einem Tuch oder Tragesack. Dort fühlt sich das Baby geborgen und sicher.

MITMACHEN UND NACHDENKEN

2 Frage deine Mutter nach deiner Geburt. Woran erinnert sie sich?

3 Wie verändert sich das Leben mit einem Baby für die Eltern und Geschwister? Diskutiert.

Was passiert in einem Körper?

1 Wähle Aufgaben aus. Forsche nach.

1 Muskelkraft trainieren

Wie schnell deine Muskelkraft zunimmt, erkennst du an diesem Versuch.

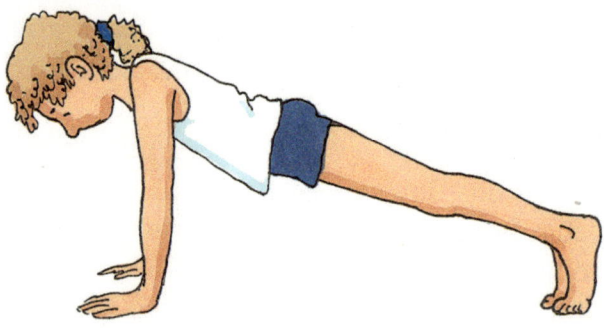

Übe jeden Morgen Liegestütze. Stütze dich nur mit Händen und Zehen vom Boden ab. Strecke und beuge die Arme.
Zähle, wie viele Liegestütze du am ersten und am zwanzigsten Tag ohne abzusetzen schaffst.
Du wirst staunen.

2 Umgang mit Ärger

Immer ärgern mich die anderen. Jetzt brauche ich was Süßes.

Schreibe auf:
Was würdest du dem Kind raten?

3 Zwillinge

Wie entstehen eineiige und zweieiige Zwillinge?
Forsche im Internet oder in Sachbüchern nach.

Zu gesunder Lebensweise positionieren ; Möglichkeiten der Vorbeugung (Bewegung) ausprobieren;
Umgang mit Ärger (emotionale Erfahrungen) nachvollziehen; zur Entstehung neuen Lebens forschen

Kreuz und quer durch unser Land

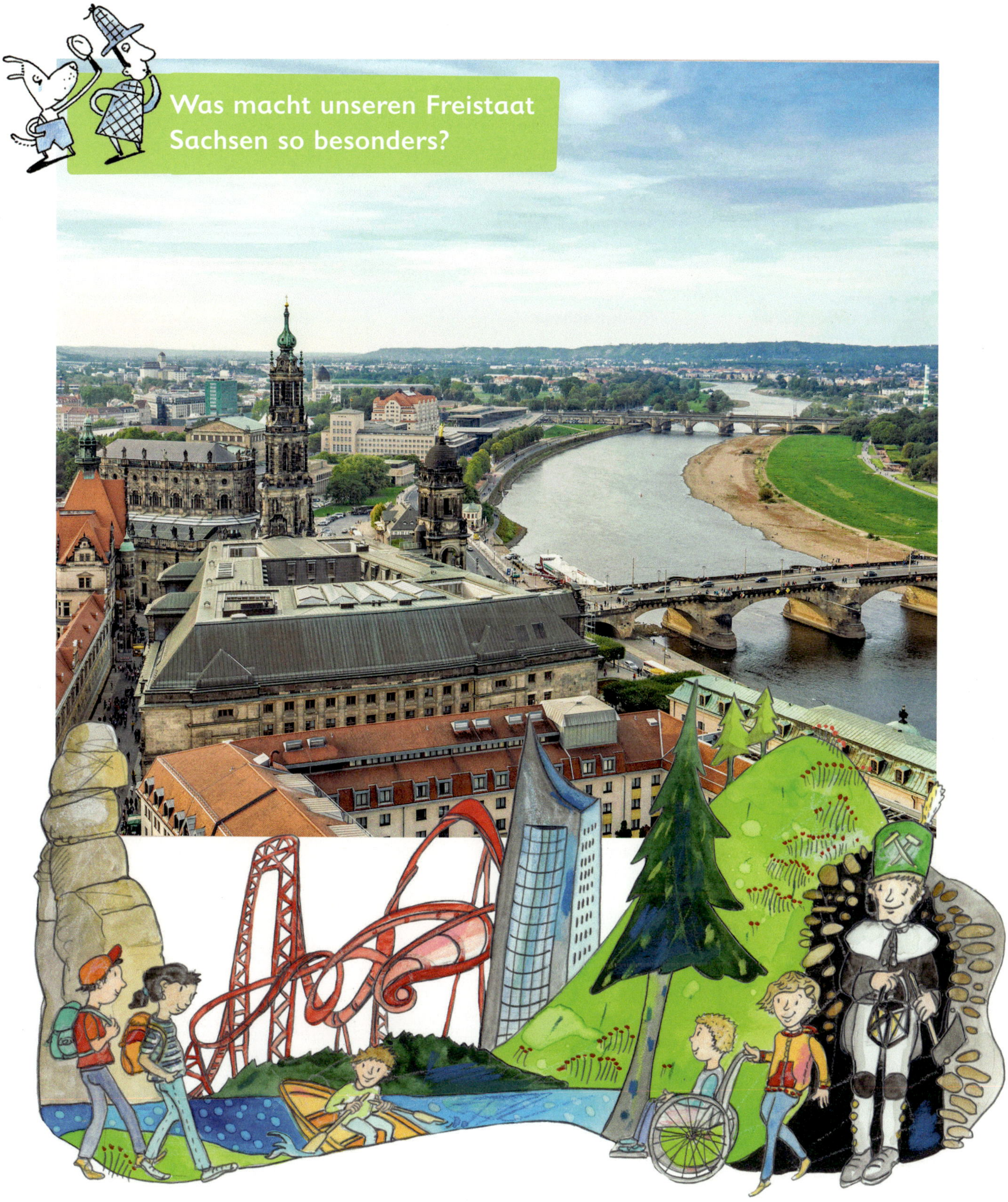

Was macht unseren Freistaat Sachsen so besonders?

Der Freistaat Sachsen in Deutschland

1 Finde den Freistaat Sachsen auf der Karte. Wie heißen die benachbarten Bundesländer? Welche Staaten grenzen an Sachsen?

DÄNEMARK

Ostsee

Nordsee

Kiel

Schleswig-Holstein

Mecklenburg-Vorpommern
Schwerin

zu Bremen

Hamburg

Bremen

Niedersachsen

Elbe

Branden-
Berlin

Oder

POLEN

Potsdam
burg

Hannover

Sachsen-

Magdeburg

**NIEDER-
LANDE**

Anhalt

Nordrhein-
Düsseldorf

Westfalen

Rhein

Saale

Elbe

Freistaat
Dresden

Sachsen

Freistaat
Erfurt

Thüringen

Hessen

BELGIEN

**TSCHECHISCHE
REPUBLIK**

Wiesbaden

Rheinland-
Mainz

Main

Mosel

**LUXEM-
BURG**

Pfalz

Saarland
Saarbrücken

Freistaat

Bayern

Baden-
Stuttgart

Donau

Württemberg

München

FRANKREICH

SCHWEIZ

ÖSTERREICH

	Staatsgrenze
	Landesgrenze
■	Bundeshauptstadt
●	Landeshauptstadt

0   50   100 km

2 Erkläre den Unterschied zwischen Staatsgrenze und Landesgrenze.

Den Freistaat Sachsen kennen: Lage, Größe, Lage der Landeshauptstadt, angrenzende Staaten und Länder, Ausdehnung

AH S.30

S. 10/11

3 Wiederholt gemeinsam euer Wissen zu den Landkreisen und kreisfreien Städten aus Klasse 3. Stellt euch gegenseitig Fragen.

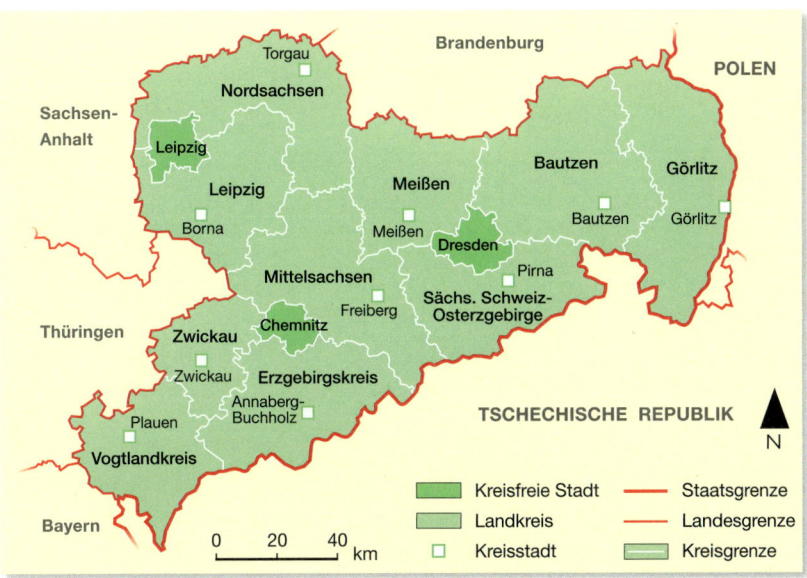

- Der Ort, in dem man lebt, kann ein Dorf, eine kleine Stadt oder eine Großstadt sein.
- Mehrere Orte mit ihrer Umgebung bilden einen Landkreis. Dieser hat eine Kreisstadt. Größere Städte sind meist kreisfreie Städte.
- Viele Landkreise und kreisfreie Städte bilden ein Bundesland wie den Freistaat Sachsen.
- Alle Bundesländer in Deutschland bilden den Bund, genannt Bundesrepublik Deutschland. Deshalb heißen die einzelnen Länder auch Bundesländer.
- Es gibt drei Städte, die auch gleichzeitig ein Bundesland sind: Berlin, Hamburg und Bremen/Bremerhaven.

Um das Zusammenleben der Menschen in Deutschland gestalten und verwalten zu können, wurden unterschiedlich große Gebiete zu Landkreisen zusammengefasst. Mehrere Landkreise und kreisfreie Städte bilden dein Heimatland – den Freistaat Sachsen. Dieser wiederum gehört zur Bundesrepublik Deutschland.

Mit dem Wort Freistaat sollte früher betont werden, dass das Land von seinen freien Bürgern regiert wird.

MITMACHEN UND NACHDENKEN

4 Finde heraus, wie viele Freistaaten es noch in der Bundesrepublik Deutschland gibt.

5 Nenne alle Bundesländer mit ihren Hauptstädten. Die Legende der Karte auf Seite 64 hilft dir dabei.

6 Betrachte das Schaubild (Ort, Landkreis …). Erstelle ein solches Schaubild für deine Heimat.

Mit der Karte des Freistaates Sachsen arbeiten

 Schreibe bekannte Orte, Flüsse und Berge aus der Karte in eine Tabelle.

Oberflächenkarte des Freistaates Sachsen

Sachsen-Anhalt

Brandenburg

POLEN

Dübener Heide
Delitzsch
Torgau
Nordsachsen
Leipziger
240
206
Leipzig
Tieflandsbucht
Collm 312
Grimma
Leipzig
Parthe
Borna
Döbeln
Mittelsachsen
Mittweida
Freiberg
Freiberger Mulde
Glauchau
Chemnitz
Zwickau
Zwickau
Werdau
Stollberg
Marienberg
Erzgebirgskreis
Aue
Annaberg-Buchholz
Plauen
Auersberg 1018
Fichtelberg 1214
Vogtland-kreis
Vogtland
Weiße Elster
Kapellenberg 757

Weißwasser
Neiße
150
Hoyerswerda
Oberlausitzer Teich- und Heideland
Schwarze Elster
199 Hahnenberg
Görlitz
Niesky
Talsperre Quitzdorf
Kamenz
Keulenberg 404
Bautzen
Bautzen
Görlitz
Großenhain
Meißen
Meißen
587 Lausitzer Bergland
Dresden
Kottmar 583
Pirna
Elbsandstein-gebirge
Sächsische Schweiz
Dippoldiswalde
Osterzgebirge
Zittau
Zittauer Gebirge
Kahleberg 905
Altenberg
Erzgebirge

Thüringen

Bayern

TSCHECHISCHE REPUBLIK

N

Landhöhen

	über 1000 m
	750 m – 1000 m
	500 m – 750 m
	300 m – 500 m
	200 m – 300 m
	150 m – 200 m
	100 m – 150 m
	unter 100 m

Profillinie

0 10 20 km

•905 Höhenpunkt mit Höhenzahl

Dresden Landeshauptstadt
Leipzig kreisfreie Stadt
Görlitz Kreisstadt
Altenberg sonstige Stadt

Bautzen Landkreis

Staatsgrenze
Landesgrenze
Kreisgrenze

Stadt
Fluss
See
Stausee mit Staumauer
Autobahn mit Auffahrt
Autobahn-tunnel
Autobahn im Bau

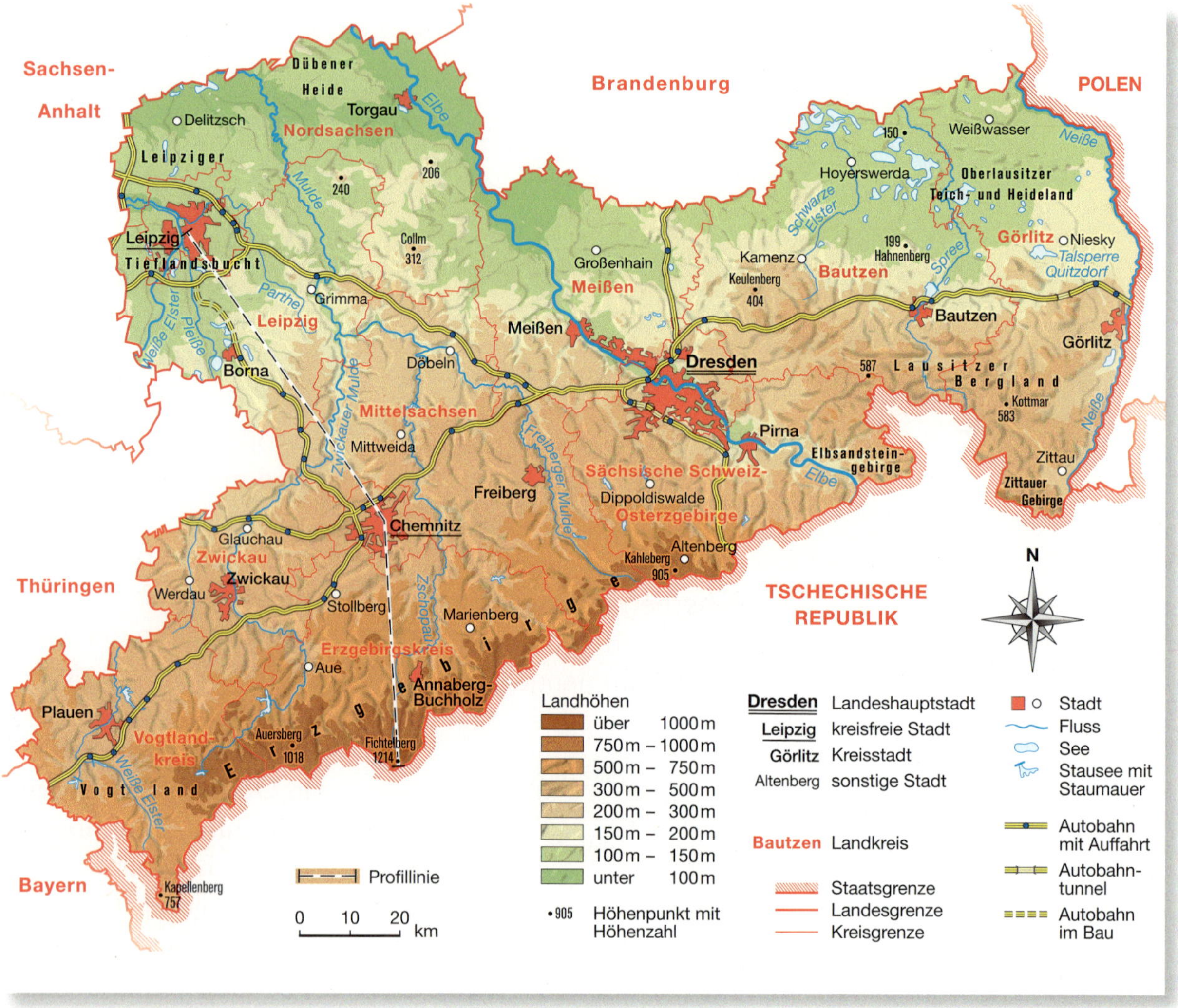

Die schwarze gestrichelte Linie (– – –) auf der Karte kennzeichnet den Verlauf des unten abgebildeten **Höhenprofils**.

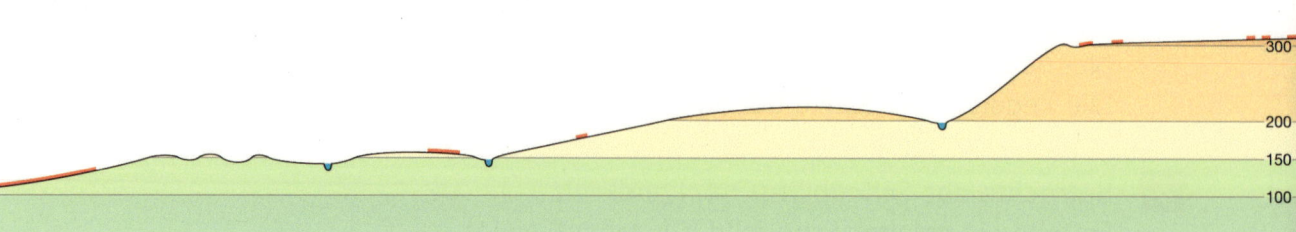

Orientierungsmöglichkeiten auf der Karte des Freistaates Sachsen anwenden; Himmelsrichtungen bestimmen, weitere Informationen entnehmen; Oberflächenform erkennen

Die Karte ist eine verkleinerte, vereinfachte und verebnete Aufsicht auf das ganze Land. Was dort wirklich ist, zeigt die Karte durch Farben, Zeichen und Beschriftungen.

Die Legende erklärt die Farben und Zeichen:
- Verkehrswege sind als Linien zu sehen.
- Rote Flächen oder kleine, weiße Kreise sind Orte. Das Schriftbild der Ortsnamen kennzeichnet auch, ob es große oder kleine Orte sind.
- Gewässer erkennst du als blaue Linien oder Flächen.

MITMACHEN UND NACHDENKEN

2 Zeige das angegebene Höhenprofil auf der Karte. Vergleiche einzelne Punkte miteinander. Erkläre die Farbgebung.

3 Löse die Aufgaben und präsentiere die Ergebnisse:
  A In welcher Landschaft liegt dein Heimatort?
  B Vergleiche Orte – ihre Größe, ihre Lage, ihre Entfernung zur Landes-Hauptstadt
  C Wo liegen Gebirge? Umfahre ihre Flächen mit dem Finger. Nenne ihre Namen und beschreibe ihre Lage.
  D In welchen Höhenlagen gibt es Gewässer? Benenne Flüsse.

LEICHTER LERNEN

Mit der Landkarte arbeiten

Betrachte die Karte. Lies in der Legende, was die Farben und Zeichen bedeuten. Wähle eine Farbe und ein Zeichen aus. Finde sie auf der Karte. Erkläre, was sie dir sagen, zum Beispiel:
- zur Landschaft
- zum Gewässer
- zum Verkehrsweg
- zur Lage eines Ortes
- …

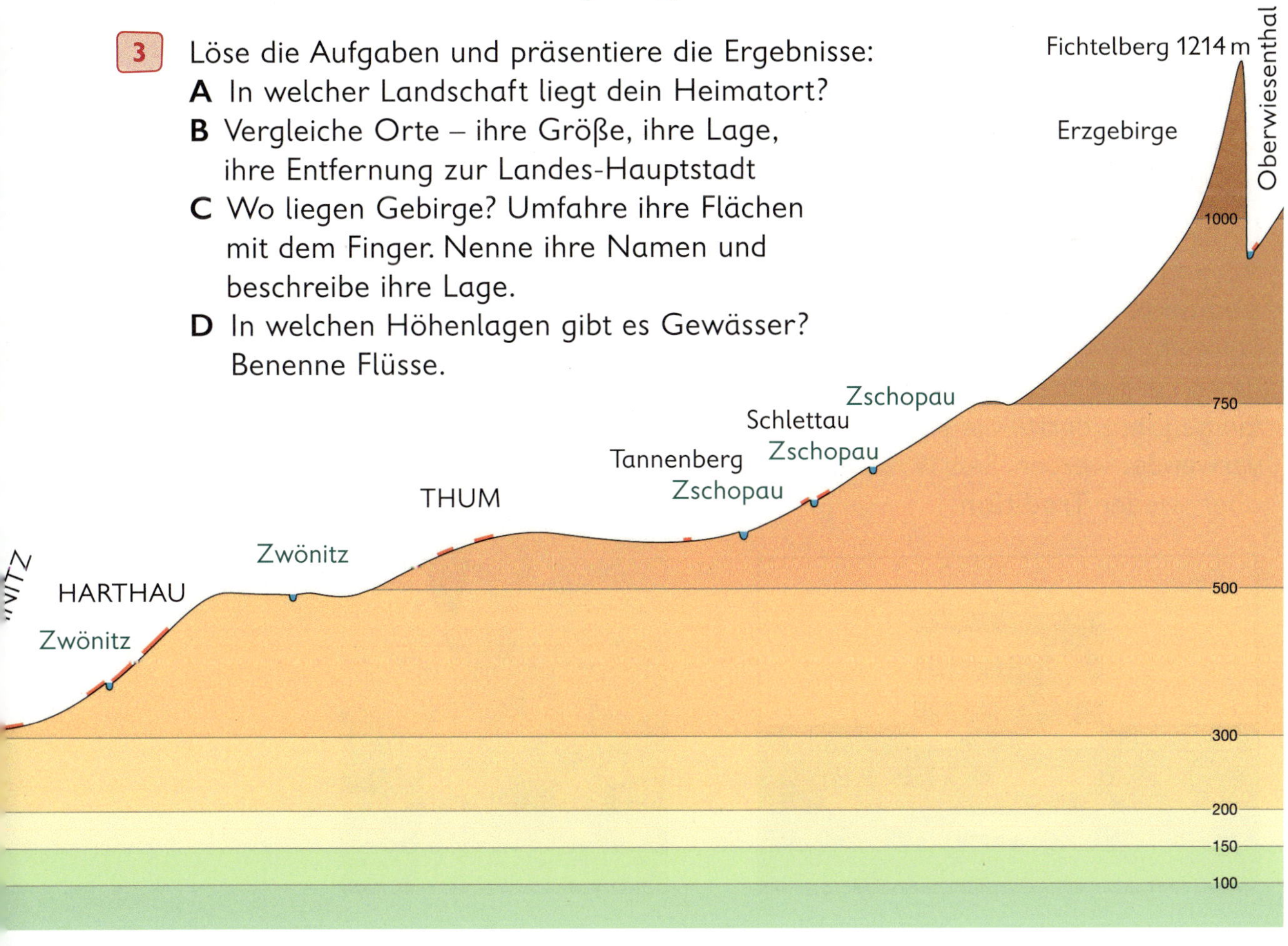

Fichtelberg 1214 m

Oberwiesenthal

Erzgebirge

1000

Zschopau

Schlettau
Zschopau

750

Tannenberg   Zschopau

THUM   Zschopau

Zwönitz

500

HARTHAU

Zwönitz

...WITZ

300

200

150

100

Unser Land Sachsen im Überblick

 1 Lest die Texte. Worüber möchtet ihr mehr erfahren?
Informiert euch und präsentiert eure Ergebnisse.

Der Freistaat Sachsen ist ein Bundesland im Osten der Bundesrepublik Deutschland.

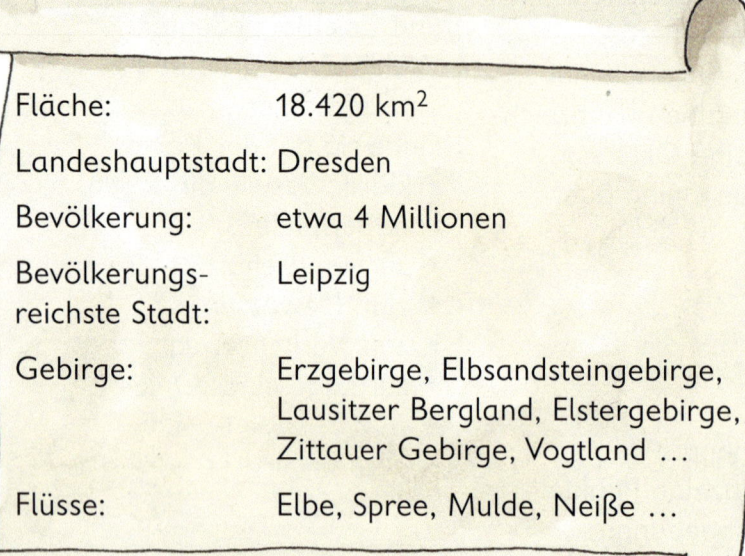

Fläche:	18.420 km²
Landeshauptstadt:	Dresden
Bevölkerung:	etwa 4 Millionen
Bevölkerungsreichste Stadt:	Leipzig
Gebirge:	Erzgebirge, Elbsandsteingebirge, Lausitzer Bergland, Elstergebirge, Zittauer Gebirge, Vogtland …
Flüsse:	Elbe, Spree, Mulde, Neiße …

INTERESSANT

Die Größe der Städte wird an der Einwohnerzahl gemessen. Damit sind Leipzig, Dresden und Chemnitz die größten Städte Sachsens.
Im Internet kannst du unter www.statistik.sachsen.de die aktuellen Zahlen nachlesen.
Die Einwohnerzahlen verändern sich.

Die Farben der sächsischen Landesflagge sind seit 1815 Weiß und Grün. Als im Jahr 1918 der sächsische König **abdankte**, übernahm der Freistaat Sachsen die weiß-grüne Flagge des untergegangenen Königreiches. Einige Jahre durfte die Flagge nicht verwendet werden. Seit 1990 ist sie aber wieder **Tradition**.

Die Saxonia ist die weibliche **Schirmherrin** des Freistaates Sachsen. Man findet sie zum Beispiel am Finanzministerium und als Statue über dem Eingang des Hauptbahnhofes in Dresden. In Chemnitz ist sie auf einem Brunnen zu sehen.

Den Freistaat Sachsen kennen (Übersicht): Lage, Größe, Einwohnerzahl, Gebirge, Flüsse, Städte, Flagge, Schirmherrin Saxonia

AH S.31

Im Norden ist das Land flach. Lichte Wälder wechseln mit saftigen Wiesen, fruchtbaren Äckern, Heidelandschaften und stillen, fischreichen Seen und Teichen. Nach Süden und von Westen nach Osten steigt das Land sanft an. Die Hügel werden höher und erreichen schließlich die Höhe der Mittelgebirge. Zwischen hohen Bergen liegen tiefe Täler. Es gibt dichte Wälder, schroffe Felsen, Gebirgsbäche und Stauseen.

Der tiefste Punkt in Sachsen ist in der Nähe des Ortes Greudnitz bei Dommitzsch (Landkreis Torgau-Oschatz). Er liegt direkt in der Elbe und ist 72,9 Meter über **NN**.

Der höchste Punkt des Landes ist der Fichtelberg mit 1215 Meter über NN. Die Stadt Oberwiesenthal liegt am Fuße des Fichtelbergs und ist damit die höchstgelegene Stadt Deutschlands.

Die Leipziger Tieflandsbucht liegt südwestlich der Dübener Heide. Am Zusammenfluss von Weißer Elster, Pleiße und Parthe entstanden einst die Burg und später die Stadt Leipzig. In der Leipziger Tieflandsbucht gibt es nur wenig Wald, aber fruchtbaren Ackerboden. Angebaut und verarbeitet werden zum Beispiel Obst und Gemüse, Weizen, Roggen, Kartoffeln und Zuckerrüben.

MITMACHEN UND NACHDENKEN

2 Warum sind die Einwohnerzahlen von Städten nicht über Jahre gleichbleibend?

3 Findet die Höhenlage eures Wohnortes und eures Landkreises heraus.

Unterwegs an Elbe und Spree

1 Folgt dem Flusslauf der Elbe auf der Karte.

Die Elbe entspringt im tschechischen Riesengebirge und mündet
bei Cuxhafen in die Nordsee. Auf ihrem Weg von der Quelle
zur Mündung durchquert sie den Freistaat Sachsen.
Radfahrer können entlang des Elberadweges viel
von Sachsen entdecken.

Der Naturpark Dübener Heide liegt zwischen
Mulde und Elbe. Hier wächst der größte
Mischwald Mitteldeutschlands.
Dort, wo früher viel Bergbau betrieben wurde,
befinden sich jetzt große und kleine Seen.

Die Elbe fließt durch das Elbsandsteingebirge. Die aufragenden Felsen
sind stark zerklüftet. Tafelberge,
Waldgebiete, Schluchten und Ebenen
wechseln sich ab. Teile der wild-
romantischen Landschaft wurden
1990 zum Nationalpark
„Sächsische Schweiz".

Das Elbtal zwischen Pirna und Meißen ist durch
die umliegenden Berge vor Wind und Kälte geschützt.
An sonnigen Hängen wächst Obst, sogar Weintrauben.
Weinberge, bewaldete Hänge und die Elbwiesen
prägen das Bild. Die Gebäude und Brücken fügen
sich gut in die Flusslandschaft ein:
Dresdner Schlösser, das Schloss und
die Parkanlage Pillnitz, das „Blaue Wunder" …

Auch entlang der Spree gibt es einen Radweg. Er führt von den Quellen der Spree weit über das Land Sachsen hinaus bis an den Stadtrand von Berlin.

Hinter Bautzen geht es mit dem Rad durch flaches Land mit Wald und vielen Teichen. Hier liegt das **UNESCO Biosphärenreservat** Oberlausitzer Heide-und Teichlandschaft. Es bietet vielen seltenen Tier- und Pflanzenarten besonderen Schutz. Zahlreiche Zugvögel rasten auf ihrem Rückweg in ihre Brutgebiete auf den Wiesen, Feldern und Teichen.

Bis Bautzen führt der Radweg durch Hügelland. Hier sind in den Orten alte **Umgebindehäuser** zu bestaunen, in denen früher vorwiegend Weberfamilien lebten. Die Häuser wurden in besonderer Weise gebaut. Jedes dieser Häuser sieht anders aus.

Die Spree entspringt aus drei Quellen im Oberlausitzer Bergland – in Neugersdorf, Ebersbach und am Kottmar. Sie durchquert Sachsen etwa 100 Kilometer in nördlicher Richtung und fließt dann im Land Brandenburg weiter.

Wollen wir da mal Urlaub machen?

MITMACHEN UND NACHDENKEN

2 Durch welche Bundesländer fließt die Elbe noch? Nutze die Karte auf Seite 64.

3 Begründe, warum das Elbsandsteingebirge diesen Namen hat.

Den Freistaat Sachsen kennen: ausgewählte Regionen und deren Besonderheiten kennen lernen – Landschaften und Städte entlang der Spree

71

Berühmte Sachsen

1 Lies die Texte. Erzähle mit eigenen Worten von einem berühmten Sachsen.

Johann Friedrich Böttger
(1682-1719) stellte
als Erster in Europa
weißes Porzellan her.
Böttger war der erste
technische Leiter der heute
weltbekannten **Porzellanmanufaktur**
in Meißen.

Clara Schumann
(1819-1896) war in ihrer Zeit
eine berühmte Pianistin und
komponierte auch eigene
Werke.
Ihr Ehemann Robert Schumann gilt
auch heute noch als ein bedeutender
Komponist.

August Horch
(1868-1951) arbeitete als
Maschinenbauingenieur.
Er baute das erste deutsche
Auto mit einem Vier-
zylindermotor.
Horch gründete
die bekannte Automarke Audi
in der Stadt Zwickau. Audi kommt
aus dem Lateinischen und heißt
„Höre!"

Adam Ries
(1492-1559) war ein bekannter
Rechenmeister. Er arbeitete
in Annaberg für die Gruben-
besitzer als Buchhalter.
Dort gab er interessierten
Erwachsenen und Kindern Nachhilfe
im Rechnen und eröffnete
eine Rechenschule.
Auf ihn geht die Redewendung
„nach Adam Ries" zurück.

Berühmte sächsische Persönlichkeiten kennen lernen: Porzellanerfinder,
Musikerin und Komponistin, Erfinder und Rechenmeister

 S. 8/9

Gret Palucca

(1902-1993) arbeitete
zunächst als Tänzerin.
Sie gründete in Dresden
eine Tanzschule und unterrichtete
dort modernen ausdrucksvollen Tanz.

Gotthold Ephraim Lessing

(1729-1781) war ein
bedeutender Dichter.
Seine Werke werden
bis heute in Theatern gespielt.

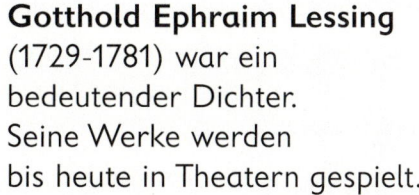

Bautzen
Bautzen

Görlitz
Görlitz

Dresden
Pirna
hsische Schweiz-
Osterzgebirge

Michael Ballack

(1976 in Görlitz geboren)
ist ein bekannter deutscher
Fußballspieler.
Er spielte von 1999-2010 in der
Nationalmannschaft und war von
2006-2010 auch Mannschaftskapitän
der Nationalelf.

Friedrich August I.

(1670-1733) war Kurfürst, Herzog von Sachsen und König
von Polen-Litauen. Er wurde auch August der Starke genannt,
weil er ein Hufeisen mit seinen Händen zerbrochen haben soll.
Dieses Hufeisen ließ er zusammen mit einem **Zertifikat**
über seine Tat aufbewahren.

MITMACHEN UND NACHDENKEN

2 Befrage Erwachsene, ob sie
einen berühmten Sachsen kennen.
Warum ist er berühmt?

3 Informiere dich zu einem berühmten
Sachsen genauer. Stelle ihn
der Klasse vor. Vielleicht findest du
in Büchern oder im Internet auch
Informationen über berühmte Sachsen,
die hier nicht genannt sind.

LEICHTER LERNEN

Texte abschreiben

- Lies den ganzen Text genau,
  damit du den Inhalt verstehst.
- Merke dir den Text
  in Abschnitten.
- Schreibe ihn Abschnitt für
  Abschnitt ab.
- Prüfe das Geschriebene
  im Vergleich mit dem Text.

Unsere Landeshauptstadt Dresden

 Wusstest du, dass Dresden über 800 Jahre alt ist?
Wusstest du, dass Dresden auch Elbflorenz genannt wird?
Wusstest du, dass in Dresden der Sitz der sächsischen Landesregierung ist?

Kommt mit auf eine kleine Stadtrundfahrt.

Dresdner Zwinger mit Kronentor und Glockenspielpavillon
Kurfürst Friedrich August I. (August der Starke) ließ den Zwinger als **Orangerie**, Garten und Ort für Feste bauen. Das Kronentor ist der schönste Teil des Zwingers. Das Glockenspiel mit 40 Glocken aus Meißner Porzellan könnt ihr zu jeder Viertel-, halben, Dreiviertel- und vollen Stunde hören.

Residenzschloss Dresden
Das Schloss ist eines der ältesten Bauwerke der Stadt. Heute findet ihr dort mehrere Museen, darunter das berühmte Grüne Gewölbe mit Kunstwerken aus der Schatzkammer der **Wettiner Fürsten**.

Frauenkirche
Sie ist die bekannteste Kirche in Dresden. Im Zweiten Weltkrieg wurde sie zerstört und von 1994 bis 2005 wieder so aufgebaut, wie sie zuvor aussah. Die hellen und dunklen Sandsteine der Kirche erzählen von der Geschichte ihres Wiederaufbaus, der durch Spenden aus ganz Deutschland und aller Welt möglich wurde.

Goldener Reiter
Dieses Denkmal zeigt August den Starken, der nicht nur Kurfürst von Sachsen, sondern auch König von Polen-Litauen war. Er lebte von 1670 bis 1733. Es gibt abenteuerliche Geschichten über seine angebliche Stärke. Während seiner Regierungszeit entstanden viele Bauwerke, die Dresden bekannt machten.

Die Landeshauptstadt und einige ihrer Sehenswürdigkeiten kennen lernen; Dresden als Zentrum der Kunst, Kultur und Politik

Sächsischer Landtag und Staatskanzlei

Die Abgeordneten des Freistaates Sachsen bilden das Landesparlament. Sie sind die gewählten Vertreter des sächsischen Volkes. Im Landesparlament in Dresden diskutieren und beschließen die Abgeordneten die Landesgesetze. Der Ministerpräsident und die Staatsminister leiten und verwalten unser Bundesland.

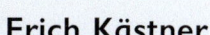

Erich Kästner

Der Schriftsteller wurde in Dresden geboren. Er schrieb Bücher für Kinder und Erwachsene wie zum Beispiel „Emil und die Detektive", „Das fliegende Klassenzimmer" oder „Das doppelte Lottchen". Die Kinderstraßenbahn durch Dresden wurde nach Kästners Buch „Lotte" genannt.

Das Blaue Wunder

Dresden liegt auf beiden Seiten der Elbe. Um über den Fluss zu kommen, gibt es Brücken und Fähren. Die bekannteste Brücke ist das Blaue Wunder.

INTERESSANT

Es gibt zurzeit im Freistaat Sachsen 10 verschiedene Ministerien. Das Ministerium für Kultus ist für die Schulen zuständig.

MITMACHEN UND NACHDENKEN

2 Heute seid ihr der Reiseleiter. Erzählt über die genannten Sehenswürdigkeiten der Stadt Dresden.

3 Wähle aus und forsche nach:
- Welche Museen gibt es neben dem Grünen Gewölbe im Residenzschloss?
- Welche Geschichten erzählt man über August den Starken?
- Welche Bücher schrieb Erich Kästner noch?
- Warum heißt das Blaue Wunder so?
- Was ist die Weiße Flotte?

4 Halte einen Kurzvortrag über Dresden als Landeshauptstadt.

Die Landeshauptstadt und einige ihrer Sehenswürdigkeiten kennen lernen;
Dresden als Zentrum der Kunst, Kultur und Politik

75

Unterwegs in Leipzig

 Wusstest du, dass Leipzig schon immer viele Menschen zum Shoppen anzog?
Wusstest du, dass in Leipzig das größte Denkmal Deutschlands steht?
Wusstest du, dass in Leipzig ein weltbekannter Superstar lebte?

Mit dem Bus durch Leipzig. Treffpunkt ist die Messe.

Leipzig ist einer der ältesten **Messe**plätze der Welt.
Schon vor über 800 Jahren reisten Kaufleute aus aller Welt nach Leipzig, um dort ihre Waren zu tauschen und sich zu informieren.
Im Jahr 1895 wurde der Warenhandel durch Musterschauen ersetzt.
Dies bedeutete, dass die Kaufleute ihre Waren an einem Beispiel zeigten und die Kunden diese bestellen konnten. Die Waren wurden dann direkt geliefert.
Jährlich finden auf dem modernen Messegelände mehrere Messen statt. Zu den bekanntesten Messen zählt die Leipziger Buchmesse, auf der jedes Frühjahr die neuesten Bücher vorgestellt werden.

Gibt es auf der Messe auch Bücher in Hundesprache?

Der **Zoo Leipzig** ist einer der ältesten Zoos der Welt.
Hier leben fast 900 verschiedene Tierarten.
Besonders spannend sind die außergewöhnlichen Tiergehege, zum Beispiel der Elefanten-Tempel mit umgestürzten Säulen und alten Mauerresten. Spaß macht es auch, auf verschlungenen Wegen durch die Kiwara-Savanne zu laufen und von dort Zebras, Strauße, Giraffen oder andere Tiere zu beobachten. Mit Fernrohren kann man die Vögel Asiens anschauen.

Leipzig als größte Stadt im Freistaat Sachsen kennen lernen; Leipzig als Messestadt, als Stadt mit vielen Sehenswürdigkeiten und als Stadt von Kunst und Kultur wahrnehmen

Johann Sebastian Bach war einer der größten Komponisten der Musikgeschichte. Er hat vor über 300 Jahren mit seiner Familie in Leipzig gelebt. Bach war Musikdirektor der Stadt und arbeitete 27 Jahre lang als **Kantor** in der Thomaskirche. Er unterrichtete Jungen in Gesang, die die Schule der Thomaskirche besuchten. Auf dem Kirchhof der Thomaskirche steht heute ein Denkmal von Bach.

Das **Völkerschlachtdenkmal** von 91 Metern Höhe wurde zur Erinnerung an eine grausame Schlacht erbaut. In dieser Schlacht, die sich vor ungefähr 200 Jahren ereignete, starben viele tausend Menschen. Der Bau des Denkmals dauerte 15 Jahre. Um auf die Plattform zu gelangen, müssen die Besucher 500 Stufen laufen. Sie können auch mit einem Fahrstuhl zur mittleren Aussichtplattform fahren. Das Völkerschlachtdenkmal zählt zu den größten Denkmälern Europas.

INTERESSANT

Den Thomanerchor gibt es auch heute noch. Er ist weltweit bekannt. Regelmäßig singt der Knabenchor in der Thomaskirche musikalische Werke von Bach. Sehr beliebt ist das **Weihnachtsoratorium**, das jährlich viele Besucher hören.

 **MITMACHEN UND NACHDENKEN**

2 Was möchtest du dir aus den Texten zu Leipzig merken? Schreibe es auf.

3 Vermute, wie die Völkerschlacht zu ihrem Namen kam. Informiere dich im Internet.

Leipzig als größte Stadt im Freistaat Sachsen kennen lernen; Leipzig als Messestadt, als Stadt mit vielen Sehenswürdigkeiten und als Stadt von Kunst und Kultur wahrnehmen

 S. 4/5, S. 8/9   77

Zwischen Erzgebirge und Vogtland – Chemnitz und Plauen

 Wusstest du, dass Chemnitz eine Erfinderstadt ist?
Wusstest du, dass Chemnitz 37 Jahre lang Karl-Marx-Stadt hieß?
Wusstest du, dass in Plauen der Vater mit dem Sohn gelebt hat?

Der **Versteinerte Wald** ist eine besondere Sehenswürdigkeit der Stadt Chemnitz. Er entstand vor 290 Millionen Jahren als Pflanzen durch einen Vulkanausbruch abknickten und von Vulkanmaterial bedeckt wurden. Im Museum für Naturkunde im Tietz sind solche Stämme zu sehen.

Mitten in der Stadt steht eine 7,10 Meter hohe **Büste** von Karl Marx. Von den Chemnitzern wird sie auch **„Nischel"** genannt. Sie ist das bekannteste Wahrzeichen der Stadt.

Viele technische Erfindungen wurden in Sachsen entwickelt. Die Thermoskanne und das Feinwaschmittel sind zum Beispiel Chemnitzer Erfindungen. Im **Sächsischen Industriemuseum** können Besucher vieles über die Geschichte der sächsischen Industrie sehen und einiges auch ausprobieren. Die Stadt ist seit 200 Jahren eine der wichtigsten Industriestädte Deutschlands. Hier wurden Dampfmaschinen, Spinnereimaschinen, Webstühle und auch Lokomotiven gebaut.

Regionen des Landes näher kennen lernen; Chemnitz als Industriestadt würdigen, Interesse an Museen entwickeln

Seit mehr als 125 Jahren ist Plauen das Zentrum der deutschen **Stickerei**. Hier wird auch die Plauener Spitze produziert, die weltweit bekannt ist.

Der Zeichner **Erich Ohser** wurde durch seine Geschichten von Vater und Sohn bekannt. Ohne Text erzählte er lustige Erlebnisse der beiden Figuren.

Nicht weit von Plauen liegt Sachsens schönste Tropfsteinhöhle – die **Drachenhöhle Syrau**. Die 550 Meter lange Höhle entstand durch die Kraft des Wassers, die das Gestein aushöhlte: etwa 1 Meter Gestein in 10 000 Jahren. Ständig tropft auch kalkhaltiges Wasser herab. Der Kalk darin bildet Tropfsteine. Von der Höhlendecke wachsen Stalaktiten herab, vom Boden her Stalagmiten.

Jetzt geht es mit dem Bus 8 km nach Syrau!

In der Stadt Syrau erzählt man sich eine Sage: Einst hauste im Wald bei Syrau ein gefräßiger Drache. Aus Angst opferten ihm die Syrauer täglich ein Schaf. Bald war alles Vieh von den Weiden verschwunden. Nun war guter Rat teuer. In ihrer Not beschlossen die Syrauer, täglich ein Menschenopfer auszulosen. Da traf das Los die schöne Bauerntochter Elsbeth. Ihr Liebster aber schliff seine Heugabel und machte sich auf den Weg, um den Drachen zu töten. Er überraschte das Untier im Schlaf und stieß ihm die Heugabel direkt ins Herz. Endlich hatte der Schrecken ein Ende.

MITMACHEN UND NACHDENKEN

2 Sucht in Büchern oder im Internet sächsische Sagen. Bringt die Texte mit und lest eine Sage in der Klasse vor.

3 Findet heraus, wie die Drachenhöhle entdeckt wurde.

Gestern und heute im Erzgebirge

1 Schreibt Wichtiges in Stichpunkten aus dem Text zum Erzgebirge heraus.

Das Erzgebirge ist ein Mittelgebirge im Süden Sachsens. Schon vor langer Zeit fand man dort metallhaltiges Gestein – Erz. Daher hat das Gebirge auch seinen Namen. Mehrere Jahrhunderte lang wurden hier vor allem Silber- und Zinnerze abgebaut. Deshalb arbeiteten die meisten Menschen in dieser Gegend im Bergbau.
Bis zu 600 Meter Tiefe trieb man Schächte und Gänge in den Stein, um das Erz mühsam abzuhauen. Bergmänner luden es in **Grubenhunte** und schoben dann die schweren Hunte durch die Gänge an schmale Schächte heran. Dort wurde das Erz in Körben oder Eimern ans Tageslicht gezogen. In Fabriken trennte man das kostbare Metall vom Gestein. Vor allem Silber wurde dann in Fuhrwerken nach Dresden gebracht.

Förderkorb
Grubenhunt
Arbeit mit Hammer und Meißel (Schlägel)
Dresden
Freiberg
Zwickau
Silberstraße: 230 km lang

Heute denkt man beim Erzgebirge zuerst an Nussknacker, Räuchermänner, Pyramiden und Schwibbögen, die vor allem in Werkstätten rund um den Kurort Seiffen hergestellt werden. In der Adventszeit verwandelt sich das Erzgebirge in ein Weihnachtsland. Und Wintersportgebiete laden zum Ski fahren ein.
Im Sommer kann man wandern, Rad fahren oder mit der ältesten Seilschwebebahn Deutschlands auf Sachsens höchsten Berg fahren.

Freiberg wurde vor allem durch Silber eine reiche Stadt. Man errichtete einen prächtigen Dom mit einer „goldenen Pforte". Heute ist Freiberg bekannt für seine Technische Universität Bergakademie Freiberg und die Mineralienschau „terra mineralia" im Schloss Freudenstein.

Tolle Aussicht!

80
Regionen des Landes näher kennen lernen; über das Erzgebirge mit seinen Besonderheiten
(Erzbergbau, traditionelles Handwerk, touristische Sehenswürdigkeiten) lesen
S. 8/9

Der Naturpark Erzgebirge/Vogtland

Rundblättriger Sonnentau

Hochmoorgelbling

Sperlingskauz

Blauflüglige Prachtlibelle

Eisvogel

Birkhuhn

Feuer-Lilie

Frauenstein

Freiberger Mulde

Olbernhau

Flöha

Seiffen

Annaberg-Buchholz

Zschopau

Oberwiesenthal

Zwickauer Mulde

Eibenstock

Johanngeorgenstadt

Schöneck

Klingenthal

Adorf

Bad Elster

Weiße Elster

Bad Brambach

Der Naturpark Erzgebirge/Vogtland ist der größte Naturpark Sachsens. Er verläuft entlang der Grenze zur Tschechischen Republik. Hier gibt es große Flächen mit Hecken, Bergwiesen, Mooren, Mischwäldern und viele Wanderwege für Besucher.
Der Naturpark ist ein Lebensraum für stark gefährdete Pflanzen und Tierarten. Auch alte Burgen, Schlösser, Mühlen und Schaubergwerke sind dort zu entdecken.

Mitten in diesem Gebiet ist die größte **Talsperre** Sachsens, die Talsperre Eibenstock. Mit dem Trinkwasser der Talsperre werden Haushalte sowie die Industriebetriebe im Raum Chemnitz und Zwickau versorgt. Sie dient aber auch dem Hochwasserschutz. Außerdem wird das Wasser der Talsperre zur Energieerzeugung genutzt. Seit Oktober 2014 ist die Mauerkrone der Talsperre öffentlich begehbar.

MITMACHEN UND NACHDENKEN

2   Findet heraus, welcher Fluss in der Talsperre Eibenstock angestaut wird.

3   Welches Naturschutzgebiet liegt in der Nähe eures Schulortes? Besprecht, was dort zu entdecken ist.

4   Erkundet, woher ihr mit Trinkwasser versorgt werdet.

Informationen über den Naturpark Erzgebirge/Vogtland und seine Naturschönheiten erfassen; Talsperre als Trinkwasserreservoir und Hochwasserschutz erläutern

S. 10/11

81

Die Sorben in der Oberlausitz

 Betrachte die Karte und die Bilder. Was zeigen sie?
Was weißt du über die Sorben?

Vor etwa 1300 Jahren besiedelten **Slawen** das Gebiet zwischen Neiße und Saale.
Sie legten Äcker an und züchteten Vieh. Eine Gruppe der Slawen waren die Sorben. Die von ihnen besiedelte Landschaft war ein „Sumpfland". Danach benannten es die Bewohner „lusiza", heute Lausitz.

In Sachsen leben heute ungefähr 40 000 Sorben zwischen Kamenz/Kamjenc, Bautzen/Budyłin, Weißwasser/Bêła Woda und Hoyerswerda/Wojerecy.
Die Sorben haben eine eigene Sprache, feiern ihre Feste, singen ihre Lieder und tanzen dazu.
Die sorbische Kultur steht unter dem Schutz des Staates. Auch deshalb wird an sorbischen Grundschulen zweisprachig unterrichtet.

Die Stadt ist heute das kulturelle und politische Zentrum der Sorben.

Einblick in die sorbische Region gewinnen; Lage und Herkunft des Namens Lausitz;
regionale Zweisprachigkeit und kulturelle Vielfalt erfassen
 S. 10/11

Ein sorbischer Brauch ist die Vogelhochzeit (ptaci kwas) am 25. Januar. Am Vorabend stellen die Kinder leere Teller ans Fenster. Man sagt, wenn die Vögel Hochzeit halten, bringen sie den Kindern von ihrem Festmahl Gaben, als Dank für die Fütterung im Winter. Die Kinder spielen den Hochzeitsumzug. Das Brautpaar sind Frau Elster (sroka) und Herr Rabe (rapak). An der Spitze des Zuges durch den Ort geht der Hochzeitsbitter, der braska (sprich braschka). Er hält witzige Reden und verteilt Naschereien.

MITMACHEN UND NACHDENKEN

2 Erkläre, wer die Sorben sind.
Schreibe wichtige Informationen aus den Texten heraus. Zeige das Gebiet der Sorben auf der Karte von Sachsen.

3 Gestaltet Ostereier mit sorbischen Mustern. Erkundige dich, was du dafür benötigst und wie du vorgehen musst.

4 Forsche über einen sorbischen Brauch nach. Berichte darüber.

INTERESSANT

Einige sorbische Bräuche:

- Vogelhochzeit
- Zapust
- Ostereier verzieren
- Osterreiter
- Maibaumwerfen
- Johannisreiten
- Tragen von sorbische Trachten zu festlichen Anlässen

Osterreiter verkünden die Auferstehung Jesu Christi.

LEICHTER LERNEN

Lernzeiten einplanen – langfristige Aufgaben erfüllen

- Überlege, welchen Zeitraum du zur Verfügung hast.
- Überlege, wie viel Zeit du zur Erfüllung der Aufgabe einplanen musst.
- Erstelle einen Arbeitsplan. Schreibe deine Arbeitsschritte und deinen Zeitplan auf.

Schlösser, Burgen und Gärten in Sachsen

 Suche auf der Karte eine Burg oder ein Schloss in deiner Umgebung.
Kennst du den Namen? Was weißt du darüber?

Schlösser, Burgen und Gärten in Sachsen

Sachsen ist ein Schlösser- und Burgenland mit über 1000 Burgen, Schlössern,
Herrensitzen, Gärten und Parks. Diese erzählen von der langen Geschichte Sachsens.
Viele Burgen entstanden in der Zeit, als das Land der Slawen erobert wurde.
Die Burgen mit ihren Mauern waren gut befestigte Wohnsitze von Adligen,
die das eroberte Land sichern sollten.
Später wurden prachtvolle Schlösser für die sächsischen Herrscher erbaut.
Sie holten viele Baumeister, Gartenbauer und Künstler ins Land,
die zusätzlich auch schöne Gärten anlegten und wertvolle Kunstwerke schufen.

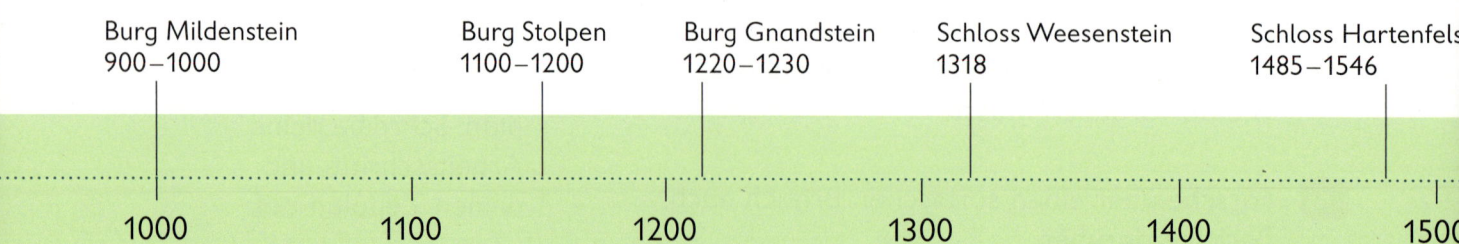

| Burg Mildenstein 900–1000 | Burg Stolpen 1100–1200 | Burg Gnandstein 1220–1230 | Schloss Weesenstein 1318 | Schloss Hartenfels 1485–1546 |

| 1000 | 1100 | 1200 | 1300 | 1400 | 1500 |

Einblick in historische Anlagen Sachsens gewinnen; historische Anlagen in der eigenen
Region kennen; sich zur Erhaltung der Schlösser, Burgen und Gärten positionieren

 S. 10/11

Die Burgen und Schlösser zeigen, was Baumeister, Goldschmiede, Maler, Bildhauer oder Handwerker in früherer Zeit konnten. Burgherren und Schlossbesitzer zeigten damit ihre Macht, ihren Reichtum aber auch Lebensfreude. Manche verwirklichten eigene Ideen zur Bauweise und Gestaltung ihrer Schlösser. Daran sehen wir heute, was damals Mode war. In den Gärten und Parks um die Schlösser vergnügte man sich – tanzte, musizierte, ging spazieren und tauschte Neuigkeiten und Geheimnisse aus.

Das Wasserschloss Moritzburg liegt inmitten eines Teiches auf einer Insel.
Eine Wehrmauer verbindet die vier mächtigen Türme – Jagdturm, Küchenturm, Backturm und Amtsturm. Moritzburg war ein Jagdschloss der sächsischen Fürsten. Viele Geweihe sind hier zu sehen, darunter das stärkste Rothirschgeweih der Welt: Es wiegt 20 kg. Im Federzimmer sind in eine Tapete aus Leinwand Millionen Vogelfedern eingewebt.

INTERESSANT

Matthäus Daniel Pöppelmann (1662–1736)

- Baumeister am Hofe August des Starken
- plante und leitete den Bau bekannter Gebäude: Zwinger und Augustusbrücke in Dresden, Schloss Moritzburg, Japanisches Palais …
- war am Bau des Schlosses Großsedlitz und der Gartenanlage mit Terrasse, Brunnen, **Kaskaden**, **Blumenrabatten** und Hecken beteiligt.

 **MITMACHEN UND NACHDENKEN**

2 Suche auf der Karte eine Burg oder ein Schloss aus.
Informiere dich und präsentiere: Baumeister, Baugeschichte …

3 Warum erhält man Schlösser und Burgen?

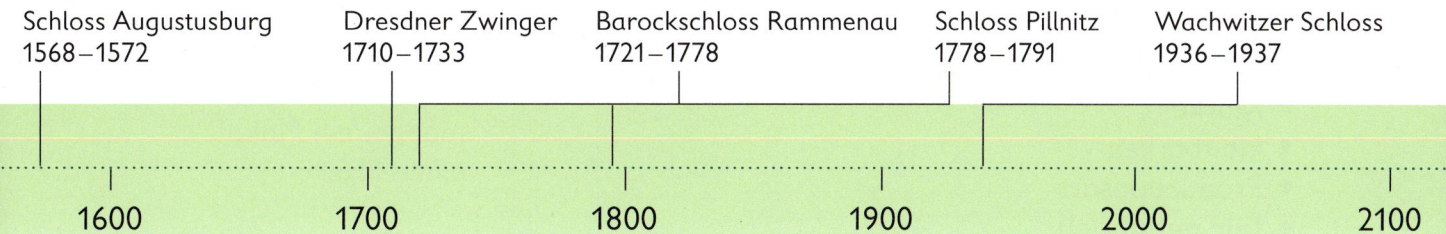

Schloss Augustusburg 1568–1572	Dresdner Zwinger 1710–1733	Barockschloss Rammenau 1721–1778	Schloss Pillnitz 1778–1791	Wachwitzer Schloss 1936–1937

1600   1700   1800   1900   2000   2100

Produkte aus unserem Bundesland

... aus Dresden.

CHRIST-STOLLEN

 Ordne die abgebildeten Produkte den Orten zu, an denen sie hergestellt werden.

Begehrte sächsische Produkte

Herrnhut	Dresden	Pulsnitz	Plauen	Wurzen
Waldheim	Meißen	Lichtenau	Seiffen	Glashütte
Mohren-Grund	Sebnitz	Bautzen	Hartmannsdorf	Markneukirchen

Wer ein Produkt kaufen will, hat eine große Auswahl. Meist entscheiden wir nach bestimmten Merkmalen des Produktes, zum Beispiel:
- Geschmack
- Preis
- Form
- Inhaltsstoffe
- Verpackung
- Sorte
- Marke
- Haltbarkeit
- Produktionsort
- **fair gehandelt**

Riesa liegt etwas 50 km nordwestlich von Dresden. Von hier kommen die begehrten „Riesa Nudeln". Im Werk wird in der Gläsernen Produktion bei einer Führung genau gezeigt, wie man Nudeln herstellt. Außerdem ist im ersten deutschen Nudelmuseum zu erfahren, wie sich die Nudelproduktion der Riesa Teigwarenfabrik seit der Gründung 1914 entwickelt hat. Die ersten Riesa Nudeln wurden noch in Handarbeit hergestellt. Heute werden mit modernen Maschinen etwa 35 000 Tonnen Nudeln im Jahr produziert (im Vergleich: ein Elefant wiegt ungefähr 5 Tonnen). Für die über 100 verschiedenen Nudelsorten verarbeitet man unterschiedliche **Rohstoffe**, vor allem Hartweizengrieß, Eier und Wasser. Auch Dinkelmehl wird verwendet. Ein besonderes Geschmackserlebnis bieten verschiedene Nudelsorten, die mit Bärlauch, Spinat, Tomate, Chili oder Kakao verfeinert werden.

Vom Rohstoff bis ins Geschäft

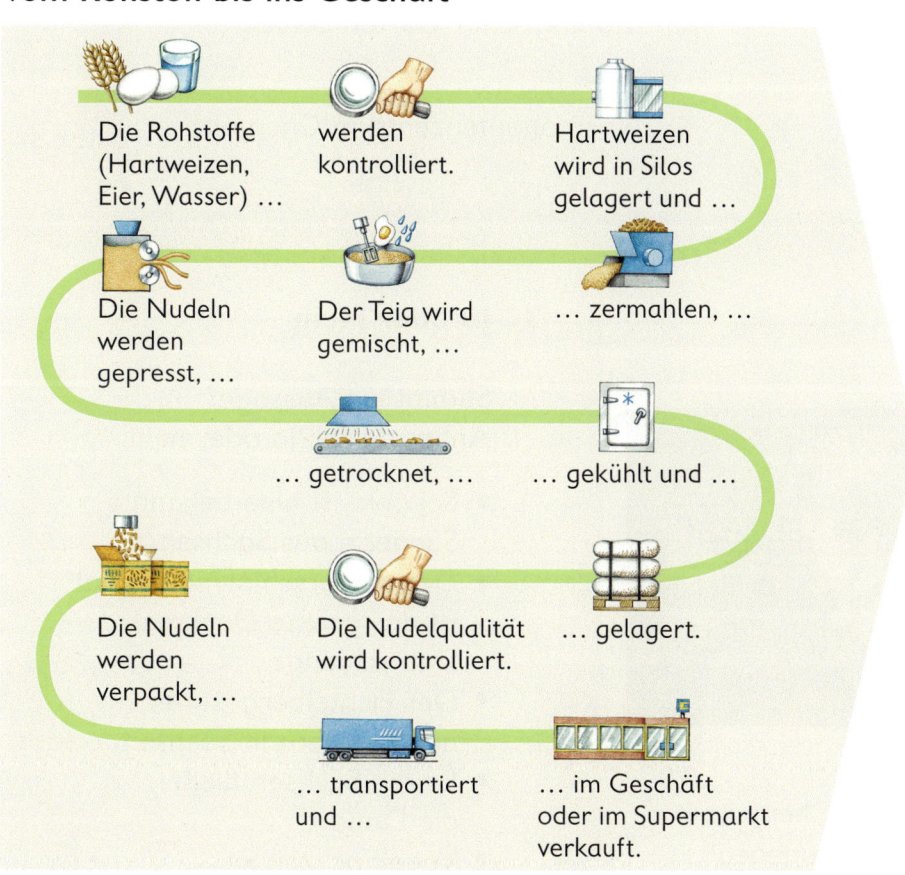

Verschiedene Nudelsorten

MITMACHEN UND NACHDENKEN

2 Erforsche ein Produkt aus Sachsen. Stelle das Produkt vor. Nutze die Verpackung, Kataloge, Internetseiten der Hersteller …

Einblicke in den Herstellungsprozess eines Produktes gewinnen; Prozesse nachvollziehen; Rohstoffe, Zwischen- und Endprodukte benennen; eine Schemaskizze deuten

S. 2/3, S. 4/5   87

Kennst du dich in Sachsen aus?

 Wähle eine Aufgabe aus. Forsche nach.

1 Irrgarten

Was gehört zusammen? Notiere auf einem Zettel.

1		A	Sächsische Schweiz
2		B	Völkerschlachtdenkmal bei Leipzig
3		C	Wasserschloss Moritzburg
4		D	Zoologischer Garten Leipzig
5		E	Kosmonautenzentrum Chemnitz

2 Rätsel

Wer war Karl May?
1842 in Ernstthal bei Chemnitz geboren und 1912 in Radebeul gestorben

Forsche weiter über Karl May, zum Beispiel unter:
www.fragFINN.de
Stichwort: Karl May

3 Ja oder Nein

Stimmt die Aussage?
Antworte mit ja oder nein.

- Saxonia ist eine bekannte Sängerin aus Sachsen.
- Das Völkerschlachtdenkmal ist das größte Denkmal Deutschlands.
- Der Fichtelberg ist der höchste Berg in Sachsen.
- Durch Sachsen fließt die Donau.
- Vogelhochzeit ist ein sorbischer Brauch.

Schreibe selbst solche Aussagen auf und lasse ein anderes Kind antworten.

Mit dem Fahrrad unterwegs

Wie komme ich sicher mit dem Fahrrad von einem Ort zum anderen?

Sicher unterwegs

> Kennst du die wichtigsten Regeln für Radfahrer?

> Ich denke schon, aber für die Radfahrprüfung schaue ich mir noch die Informationen bei den 🔺 an.

- Kinder bis acht Jahre müssen immer auf dem Gehweg fahren.
- Kinder bis 10 Jahre dürfen noch auf dem Gehweg fahren.
- Kinder ab dem zehnten Geburtstag müssen auf dem Radweg oder der Straße fahren.

1 Was gehört zu einem verkehrssicheren Fahrrad? Zeige und benenne die Teile an einem originalen Fahrrad.

1 🔺

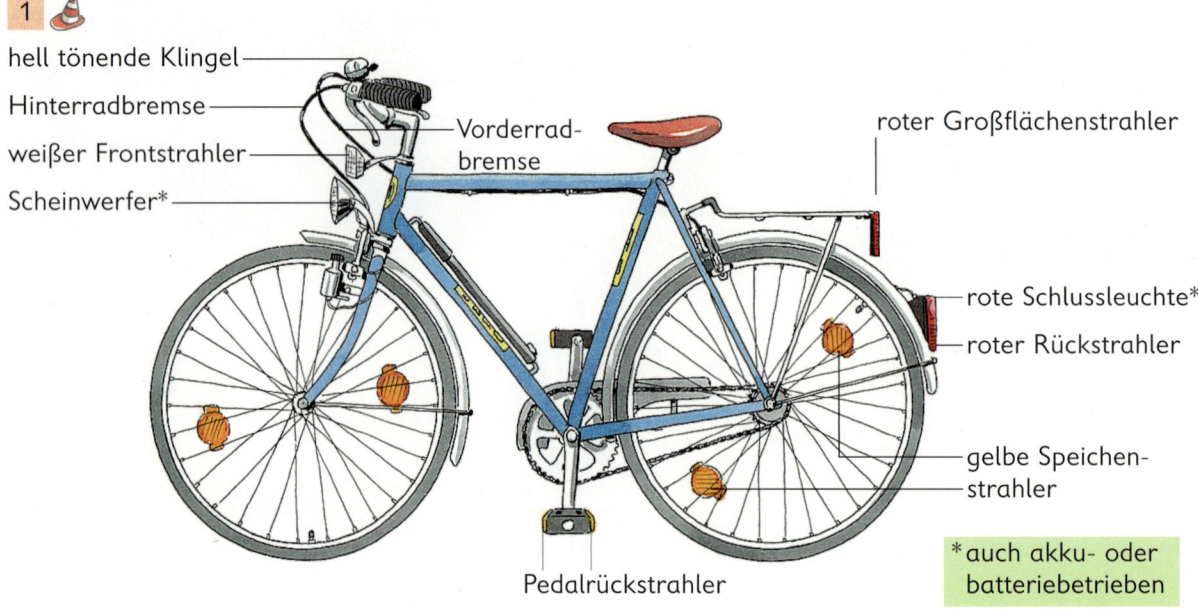

hell tönende Klingel

Hinterradbremse

weißer Frontstrahler

Scheinwerfer*

Vorderrad-
bremse

roter Großflächenstrahler

rote Schlussleuchte*

roter Rückstrahler

gelbe Speichen-
strahler

Pedalrückstrahler

*auch akku- oder batteriebetrieben

2 🔺 Ein Helm verhindert keinen Unfall, aber er schützt bei einem Sturz den Kopf. Folgendes sollte beim Tragen eines Helms beachtet werden:

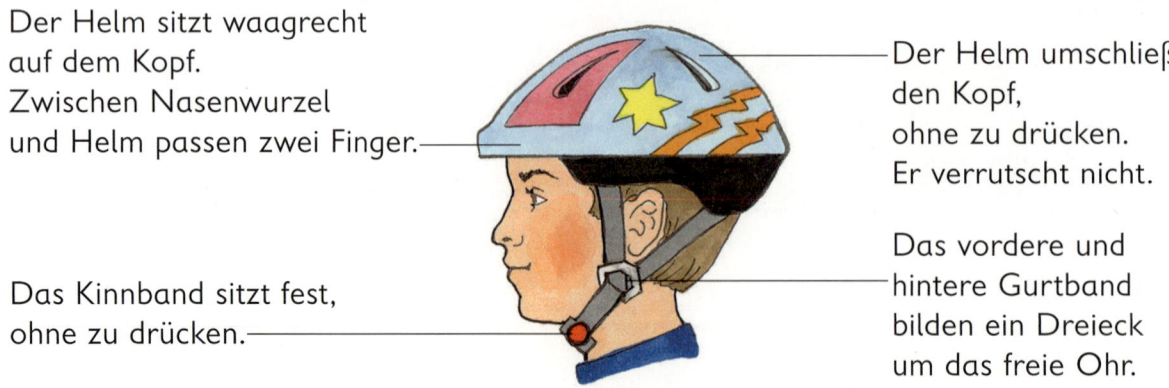

Der Helm sitzt waagrecht auf dem Kopf. Zwischen Nasenwurzel und Helm passen zwei Finger.

Der Helm umschließt den Kopf, ohne zu drücken. Er verrutscht nicht.

Das Kinnband sitzt fest, ohne zu drücken.

Das vordere und hintere Gurtband bilden ein Dreieck um das freie Ohr.

Kenntnisse zur Verkehrssicherheit als Radfahrer gewinnen; ein verkehrssicheres Fahrrad beschreiben; den richtigen Sitz eines Fahrradhelms kennen und praktisch anwenden

3 So steige ich vom Fahrbahnrand auf mein Fahrrad.

Das Rad bereitstellen, beide Pedale waagerecht stellen.

Von der Gehwegseite aufsteigen, über die linke Schulter umsehen.

Deutliches Handzeichen links geben: Ich will losfahren.

Reicht die Verkehrs-lücke aus, mit beiden Händen am Lenker anfahren.

4 **Was ich bei diesen Verkehrszeichen als Radfahrer beachten muss**

Verbot der Einfahrt	Halt. Vorfahrt gewähren!	Vorfahrt gewähren	Vorfahrt	Getrennter Rad- und Fußweg
In diese Straße darf ich nicht hineinfahren.				

5 Wie fährst du an eine Kreuzung mit diesem Zeichen heran?
  - langsam, ich muss den Fahrzeugen auf der Hauptstraße die Vorfahrt lassen
  - schnell, ich habe die Vorfahrt, weil ich von rechts komme.

MITMACHEN UND NACHDENKEN

2 Beschreibe aus dem Gedächtnis, wie du auf ein Fahrrad vom Gehweg aus aufsteigst.

3 Informiere dich über die Verkehrszeichen in Aufgabe **4** und gestalte eine Tabelle mit den Erklärungen.

Auf dem Weg

1 Besprecht: Wer hat Vorfahrt? Wer muss warten?

6 An manchen Kreuzungen oder **Einmündungen** gibt es keine Ampeln
oder Verkehrszeichen.
Hier gilt die Vorfahrtsregel „rechts vor links".
Dies bedeutet: Wer von rechts kommt, hat Vorfahrt.
Ausnahme sind Wald- oder Feldwege sowie Einfahrten.

7 Ein parkendes Fahrzeug oder eine Baustelle versperren den Weg.
Du musst beim Vorbeifahren deine Fahrspur verlassen.

a Auf den Gegenverkehr
achten

b Schulterblick über
die linke Schulter

c Handzeichen
nach links

d Am Hindernis
vorbeifahren

e Handzeichen nach
rechts, einordnen

8 Wenn eine Straßenbahn
an einer Haltestelle anhält,
musst du als Radfahrer
auch stehen bleiben.

Fahrradprüfung: Vorfahrtregel „rechts vor links" anwenden;
Umfahren eines Hindernisses erklären; Verhalten an Straßenbahn-Haltestellen vertiefen

9 Das Linksabbiegen ist schwierig und gefährlich.
Schau dir an, wie es richtig geht.

8 Auf Fußgänger achten

7 Abbiegen

6 Nochmals umsehen

5 Auf den Gegenverkehr achten (Fahrzeuge vorbeilassen)

4 Vorfahrt beachten

1 Schulterblick über die Schulter (Ist die Straße frei?)

2 Handzeichen nach links geben

3 In die linke Fahrspur einordnen

10 Diese Verkehrszeichen haben diese Regeln.

Fußgänger und Radfahrer benutzen den Weg gemeinsam. Sei als Radfahrer stets bremsbereit.

Fahrzeuge innerhalb des Kreisverkehrs haben Vorfahrt. Achte auf sie beim Einfahren.

Warte am Ende des Radweges, bis die Fahrbahn frei ist. Fahre dann zügig weiter.

> Immer vorsichtig fahren.

MITMACHEN UND NACHDENKEN

2 Wiederhole die acht Punkte, die du beim Linksabbiegen beachten musst.

3 Warum musst du als Fahrradfahrer stehen bleiben, wenn eine Straßenbahn an einer Haltestelle anhält?

Verkehrsregeln

1 Wähle Aufgaben aus. Forsche nach.

1 Achtung Gefahr!

Betrachte das Bild.
Beschreibe die Gefahr für den Radfahrer und
die andere Person.
Wie müssen sich der Radfahrer und
die andere Person verhalten?

2 Rot und zugleich grün?

Was bedeutet dieses Signal?

3 Vorfahrt-Regelung durch die Polizei

Die Ampel ist ausgefallen, jetzt regelt die Polizei den Verkehr.
Was bedeuten die Handzeichen?

Fahrradprüfung: Gefahren als Radfahrer erkennen;
Vorfahrtsregeln beachten

Frühling am Gewässer

Wer lebt im und am Gewässer?

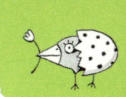

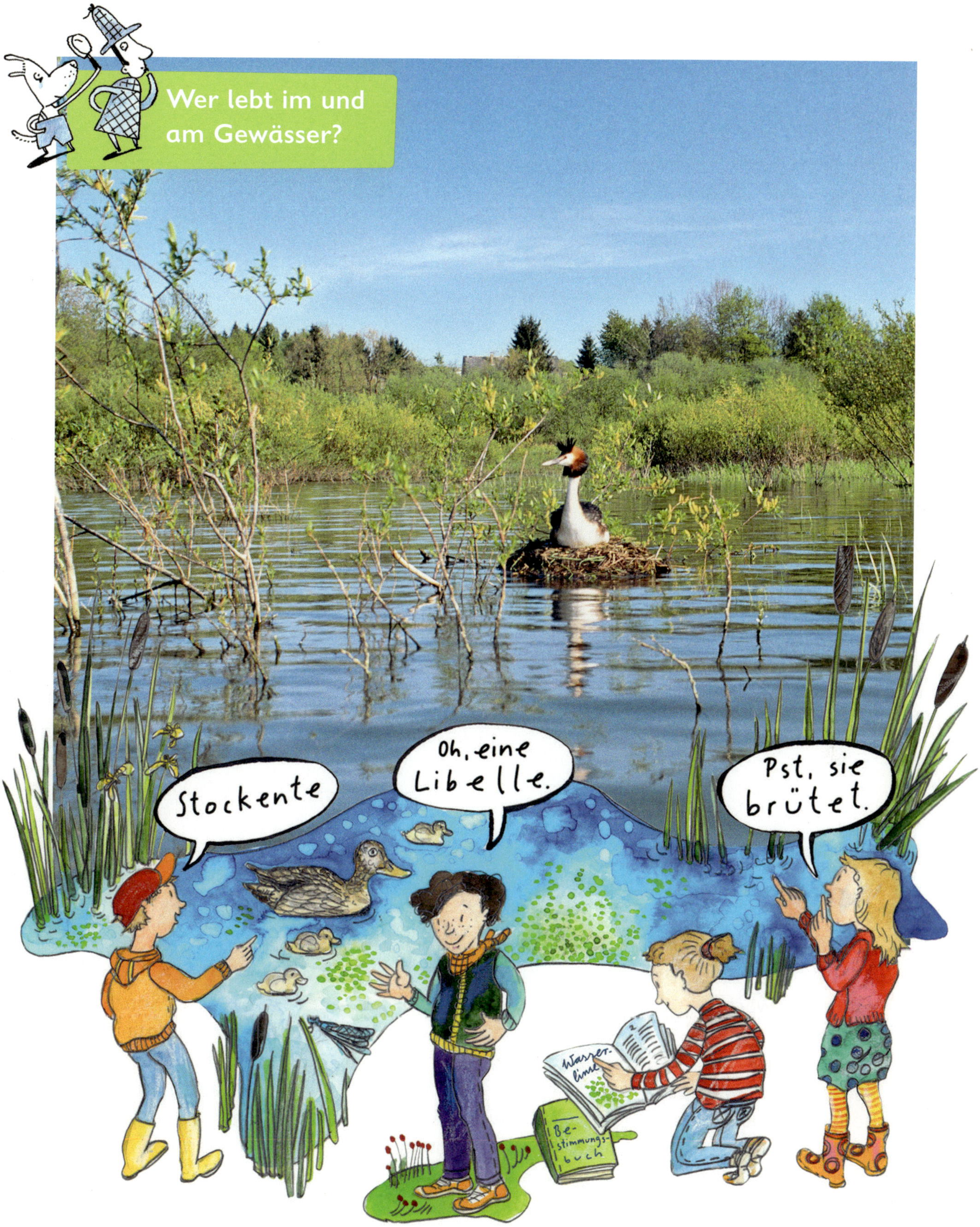

Das Foto beschreiben;
Zusammenhänge zwischen der Frage und der unteren Abbildung herstellen

Am Wasser entdeckt ...

1 Beobachte Tiere und Pflanzen an und auf einem Gewässer.

1 Weiden brauchen zum Leben viel Wasser. Ihre Wurzeln wachsen schnell und sind dicht verzweigt. So finden die Bäume Halt im Boden und befestigen zugleich das Ufer. Weiden blühen im April/ Mai.

2 Das Schilfrohr wächst im flachen Wasser. Mit seinen dicken Wurzelstöcken ist es fest im Boden verankert und treibt bis zu 4 Meter hohe Stängel empor. Im Röhricht nisten viele Vögel wie zum Beispiel der Rohrsänger **3** .

4 Der Hecht ist ein Raubfisch. Zwischen den Pflanzen im Uferbereich lauert er auf Beute: Fische, Frösche, Küken von Schwimmvögeln und Wasserratten.

Gewässer als Lebensraum kennen lernen; ausgewählte Pflanzen und Tiere unterscheiden; Ufer- und Wasserzone beobachten, beschreiben und fotografieren

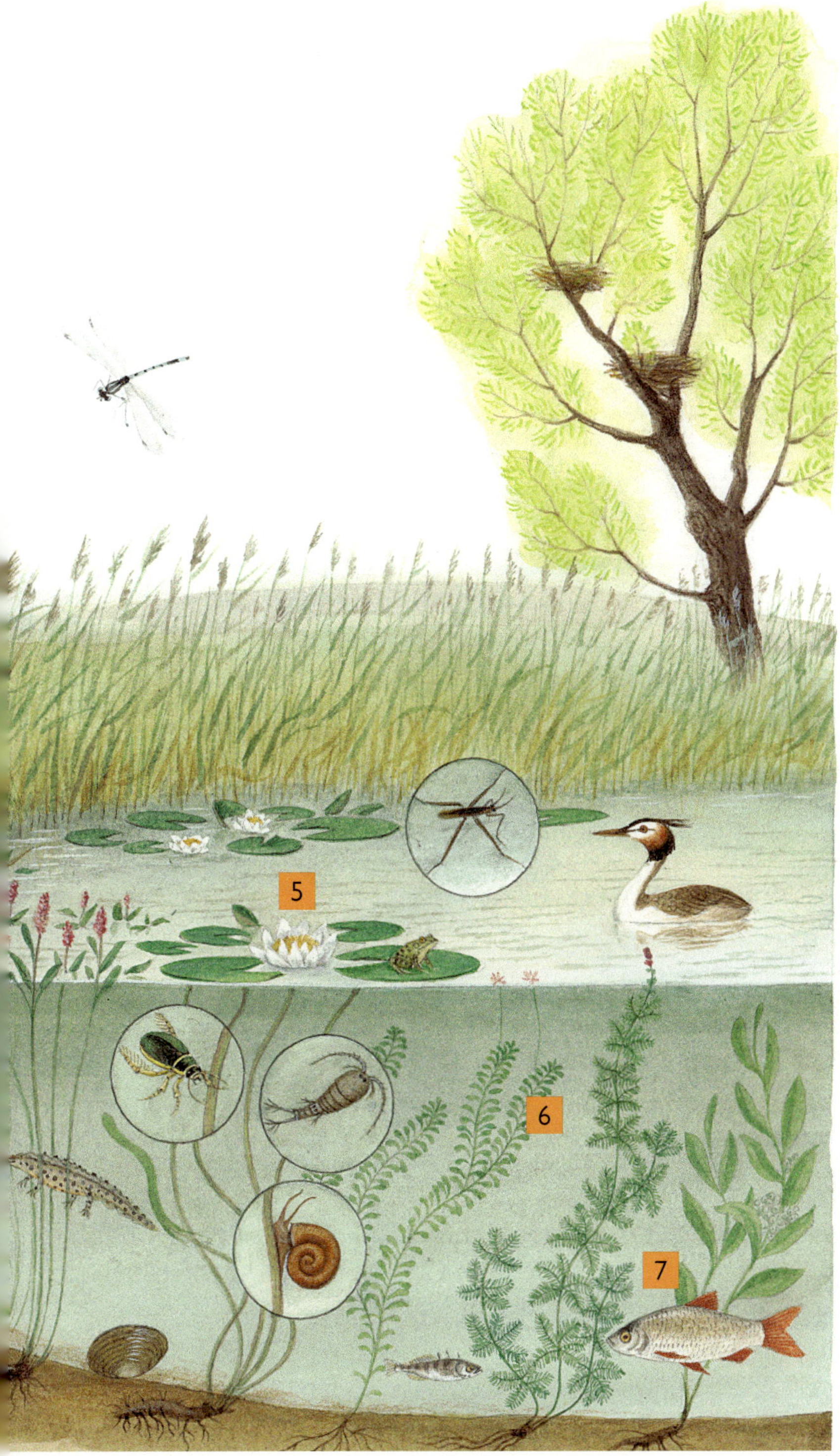

Zusammenhänge finden

- Zeichne zwei ineinander verschlungene Kreise.

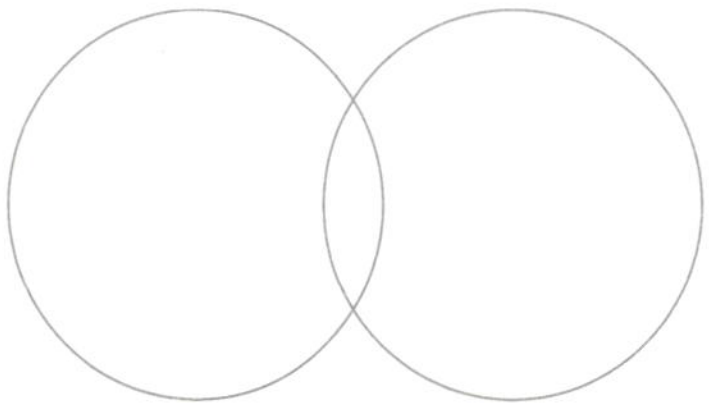

- Schreibe in Kreis 1 den Namen einer Pflanze oder eines Tieres aus der Abbildung.
- Überlege: Warum lebt diese Pflanze oder dieses Tier am oder im Wasser?
- Notiere dazu im Kreis 2 Stichpunkte.

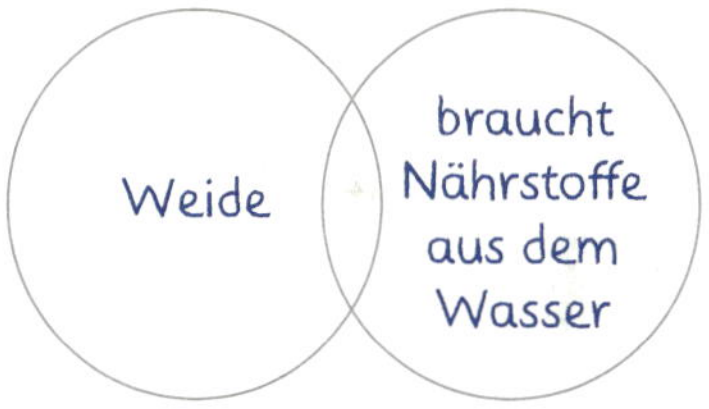

Weide — braucht Nährstoffe aus dem Wasser

5 Die weiße Seerose hat an langen Stielen Blätter, die auf dem Wasser schwimmen. Ein dicker Wurzelstock verankert die Pflanze im Gewässerboden.

6 Die Wasserpest wächst vollständig unter der Wasseroberfläche. Ihre Stängel sind sehr verzweigt und können bis zu 3 Meter lang werden.

7 Die Rotfeder ist ein Friedfisch. Das bedeutet, er jagt keine anderen Fische. Er ernährt sich vor allem von Wasserpflanzen, aber auch von Insekten.

Gute Schwimmer: Seerose und Wasserfrosch

 Wie ist die Seerose an das Leben im Wasser angepasst?

Die Seerose hat ihren Lebensraum in stehenden oder langsam fließenden Gewässern:
Teiche, ruhige Buchten eines Sees oder langsam fließende Nebenflüsse.
Die Wildpflanze steht in Deutschland unter Naturschutz.
Sie ist sehr gut an das Leben im Wasser angepasst.

Die großen Blüten der Weißen Seerose erscheinen im Mai.
Sie öffnen sich bei Sonnenschein und schließen sich nachts und
bei trübem Wetter. So ist der Blütenstaub
vor Kälte und Tau geschützt.
Seerosen bilden kugelige Früchte, die im Wasser heranreifen und dann platzen.
Die schwimmenden Samen werden vom Wasser fortgetragen und
keimen nach 1–2 Jahren.
Seerosen leben gern im schlammigen Boden
in einer Wassertiefe
von 1,5 Meter.

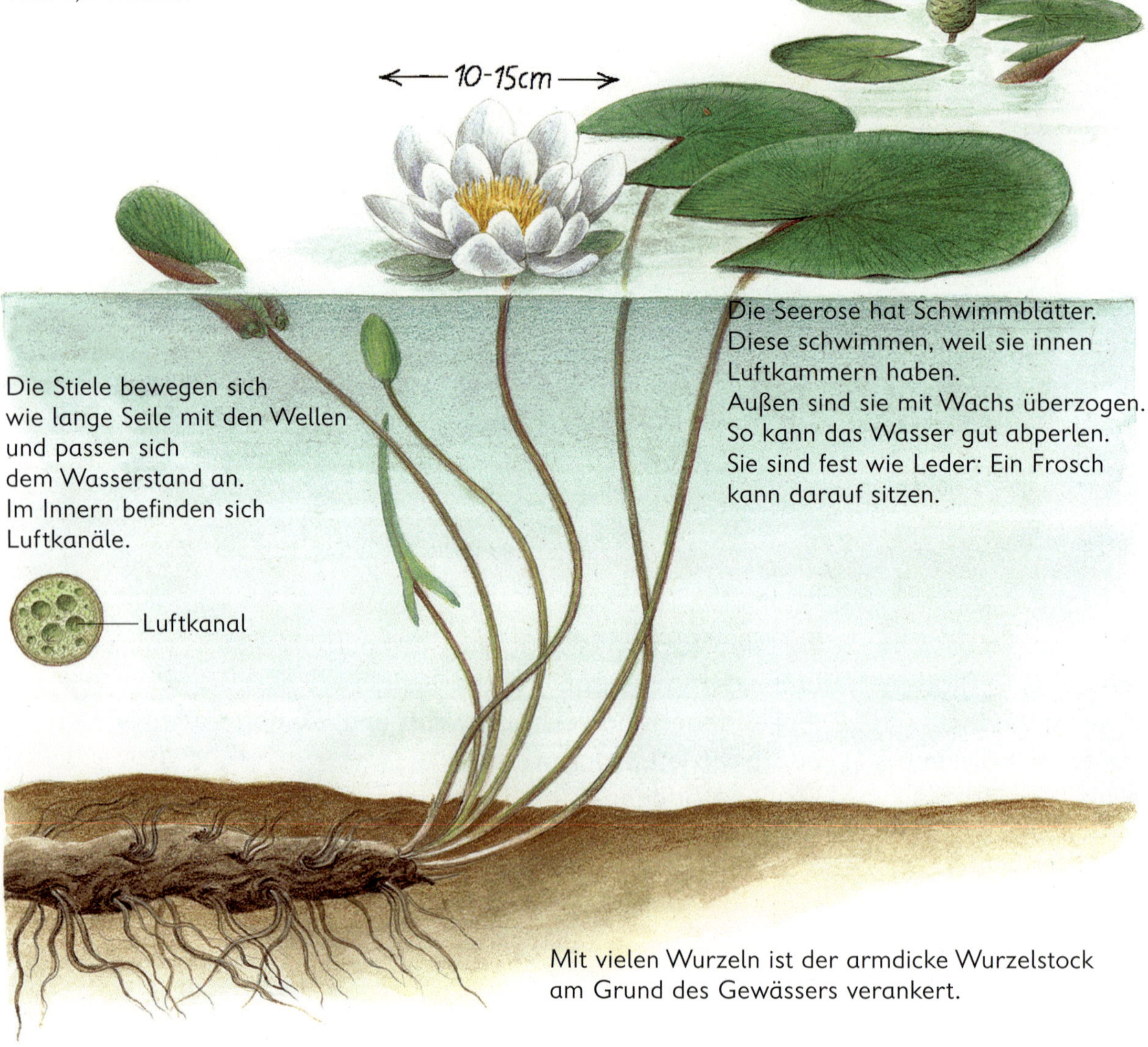

Frucht der Seerose

← 10-15cm →

Die Stiele bewegen sich
wie lange Seile mit den Wellen
und passen sich
dem Wasserstand an.
Im Innern befinden sich
Luftkanäle.

— Luftkanal

Die Seerose hat Schwimmblätter.
Diese schwimmen, weil sie innen
Luftkammern haben.
Außen sind sie mit Wachs überzogen.
So kann das Wasser gut abperlen.
Sie sind fest wie Leder: Ein Frosch
kann darauf sitzen.

Mit vielen Wurzeln ist der armdicke Wurzelstock
am Grund des Gewässers verankert.

Angepasstheit der Seerose an ihren Lebensraum beschreiben;
Naturschutz beachten und sich entsprechend verhalten

S. 2/3

Wasserfrösche sind Amphibien, sie leben sowohl im Wasser als auch auf dem Land.

Zur Fortpflanzung brauchen Frösche Gewässer. Dort legen die Weibchen die Eier direkt im Wasser ab. Aus den Eiern schlüpfen Kaulquappen, die im Wasser leben und durch Kiemen atmen.
In den nächsten zwei bis drei Monaten entwickeln sich die Kaulquappen zu Jungfröschen mit Beinen und Lungenatmung.
Mit Lungen können die Frösche an Land atmen. Erwachsene Frösche atmen im Wasser über ihre Haut.
Frösche können mit ihren langen Hinterbeinen sehr gut und weit springen.
Im Wasser helfen die Schwimmhäute an den Hinterbeinen beim Schwimmen.

So ist der Wasserfrosch an das Leben im und am Wasser angepasst.

schleimige Haut – schützt vor dem Austrocknen

lange Hinterbeine – gut für Hüpfen und Springen

klebrige Klappzunge – dient geschicktem Fang von Beute

Lungen – wichtig für die Atmung an Land

kräftige Schwimmhäute an den Hinterbeinen – verdrängen Wasser beim Schwimmen

MITMACHEN UND NACHDENKEN

2 Sammelt Bilder von Tieren, die im oder am Wasser leben.

3 Wie ist die Stockente an das Leben im Wasser angepasst? Halte einen Vortrag.

4 Beschreibe und male ein Tier, das im Wasser lebt.
Wie ist es an das Wasserleben angepasst?

INTERESSANT

Von April bis Juni ist die Paarungszeit der Frösche. Das Weibchen legt bis zu 4000 Eier als Laichballen im Wasser ab. Es müssen so viele Eier sein, denn der Laich wird gern von anderen Tieren gefressen, zum Beispiel von Enten. Nur so viele Eier sichern, dass sich aus den restlichen Eiern Nachkommen entwickeln.

Gewässer kennen und schützen

Große Teile unsere Erde sind von Wasser bedeckt. Wasser macht es möglich,
dass auf der Erde Menschen, Tiere und Pflanzen leben und wachsen.
In der Natur gibt es Gewässer mit Salzwasser (alle Ozeane) und Gewässer
mit Süßwasser. Für die Menschen ist das Süßwasser lebensnotwendig.
Sie benötigen es zum Trinken, zum Gießen von Blumen, zum Kochen,
für die Arbeit in Fabriken …
Gewässer mit Süßwasser unterscheiden sich in fließende und stehende Gewässer.
Sie werden auch Fließ- oder Stillgewässer genannt.
Die meisten Gewässer entstanden auf natürliche Weise.
Manche wurden aber auch künstlich von Menschen angelegt.
Dazu gehören Kanäle, Teiche und Stauseen.

Fließgewässer

Rinnsal, Bach, Fluss, Strom,
Kanal

Stillgewässer

Tümpel, Weiher, See,
Teich, Stausee

Elbe

Staumauer Eibenstock

 Fließgewässer oder Stillgewässer? Informiere dich:
Elbe, Karl-Heine-Kanal, Ketzerbach, Bärwalder See, Talsperre Eibenstock.

Das Wasser in einem Fließgewässer
ist in Bewegung. Es entspringt meist
in einer Quelle und endet
in einem größeren Gewässer.

In welchen
Gewässern sitzen
wir?

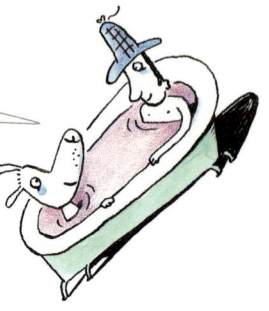

Schädliche Stoffe:

Abgase

Regen

ungeklärte Abwässer

Gülle, Dünger

Was gefährdet Gewässer?

Viele Jahre lang haben Menschen Gewässer nicht sorgfältig behandelt. Abwässer von Fabriken und Haushalten wurden in Seen und Flüsse geleitet. Außerdem schwemmte der Regen Dünger und **Gülle** von den Feldern in die Gewässer.

Abwässer, Dünger und Gülle sind Nahrung für Pflanzen. Diese Nahrung fördert ein vermehrtes Pflanzenwachstum. Abgestorben bilden die Pflanzen fauligen Schlamm am Boden des Wassers. Kleine Lebewesen bauen die toten Pflanzen ab, dabei entziehen sie dem Wasser den Sauerstoff. Je mehr fauligen Schlamm sie abbauen müssen, desto weniger Sauerstoff gibt es im Wasser. Diesen brauchen aber die Pflanzen und Tiere zum Leben im Wasser. Deshalb dürfen Gewässer nicht mit schädlichen Stoffen verschmutzt werden.

Die **Binnenschifffahrt** und die Sportboote beeinträchtigen zusätzlich den Lebensraum Gewässer.

Viele Menschen versuchen heute die Flüsse und Seen zu schützen und sie wieder in ihren natürlichen Zustand zu bringen.

MITMACHEN UND NACHDENKEN

2 Schreibe eine Tabelle mit Fließ- und Stillgewässern aus deiner Umgebung.

3 Gestaltet mithilfe des Schaubildes und des Textes ein Poster zu den Gefahren für Gewässer.

INTERESSANT

In unserem Grundgesetz heißt es:
„*Der Staat schützt auch in Verantwortung für die künftigen Generationen die natürlichen Lebensgrundlagen …*"

(Artikel 20 a)

Leben im und am Wasser

1 Wähle Aufgaben aus. Forsche nach.

1 Pflanzen und Tiere fotografieren

Beachte:

- Schau genau hin.
- Habe Geduld.
- Knicke keine Pflanzen ab.
- Sei in der Umgebung von Tieren leise.
- Störe keine Vögel beim Brüten.

Wann findest du die besten Pflanzen- und Tiermotive?

2 Wasserpflanze im Glas

- Fülle in ein großes Glas etwas Aquariensand und kleine Kieselsteine.
- Stecke einen Stängel „Wasserpest" in den Boden. Das ist eine bekannte Pflanze für Aquarien.
- Fülle Wasser auf.
- Stelle das Glas ins Licht, aber nicht in die Sonne.
- Beobachte.

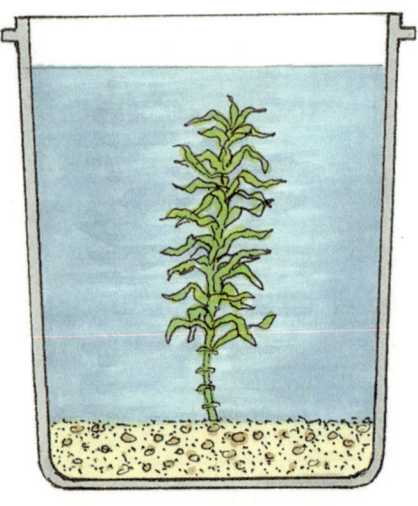

3 Teich anlegen

Mit einem Teich im Schulgarten könnt ihr einen künstlichen Lebensraum für Pflanzen und Tiere, die im Wasser leben, anlegen.

Informiert euch: Wie muss ein Teich gepflegt werden?

Gewässer als Lebensraum für Pflanzen und Tiere fotografieren; eine Wasserpflanze beobachten; beim Anlegen eines Teiches helfen und sich bei der Pflege eines Teiches beteiligen

Unsere Welt

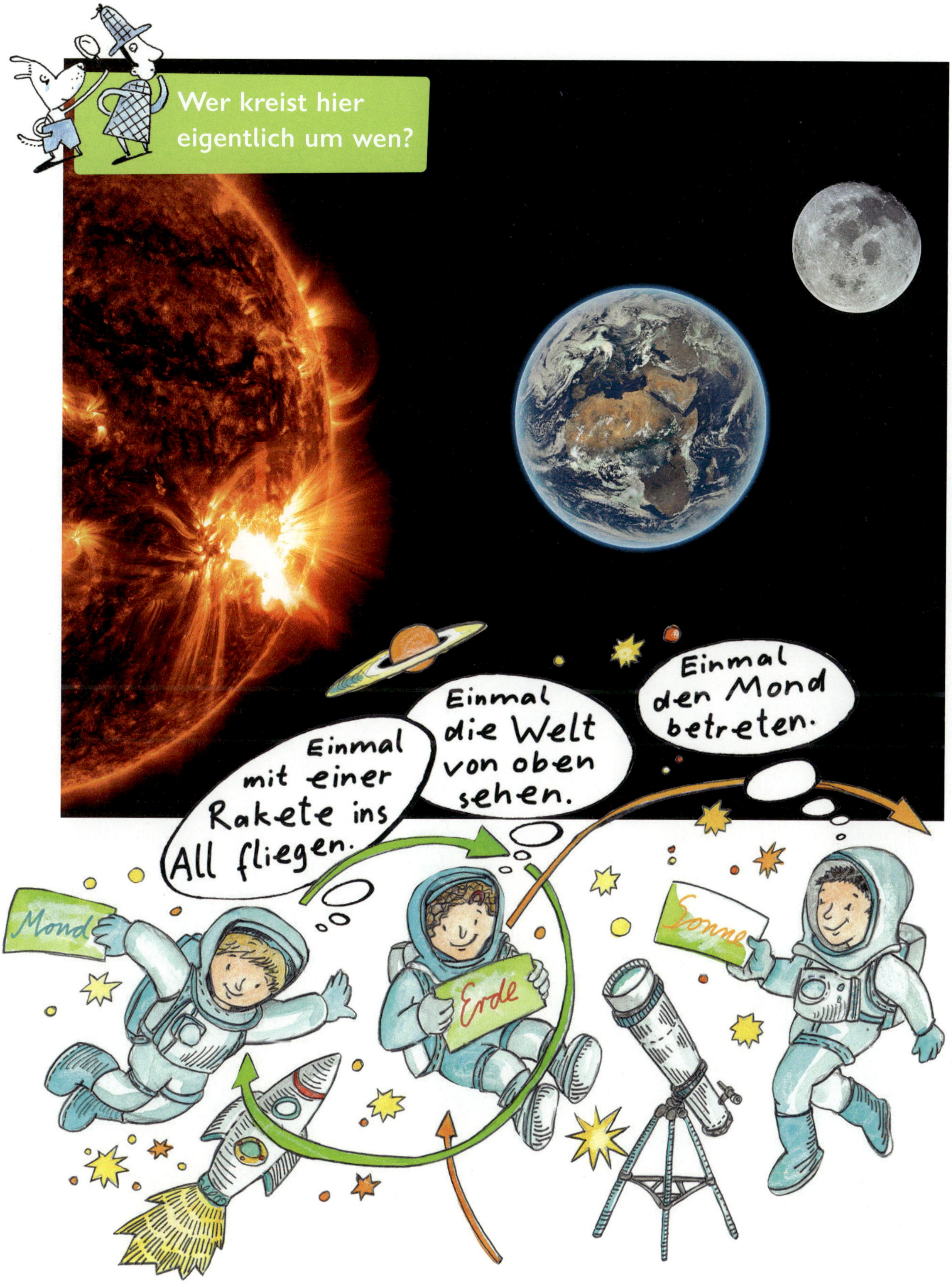

Wer kreist hier eigentlich um wen?

Der Himmelsraum: Sonne, Erde und Mond

Die Sonne ist eine sehr hell strahlende Gaskugel.
Sie ist der Mittelpunkt unseres Sonnensystems.
Acht Planeten kreisen um die Sonne.

1	Merkur	4	Mars	7	Uranus
2	Venus	5	Jupiter	8	Neptun
3	Erde	6	Saturn	9	Pluto

Auch Zwergplaneten wie der Pluto
umkreisen die Sonne.

Die Erde umkreist die Sonne mit
einer enormen Geschwindigkeit.
Etwa 30 Kilometer in der Sekunde
fliegt sie auf ihrem Weg
durch die Weite des Weltalls.
Wir spüren das nicht.
Die Erde hat einen kleinen Begleiter,
der sie umkreist. Das ist der Mond.

Warum heißt die Erde „Der blaue Planet"?

Astronauten, die aus dem Weltraum
auf unsere Erde schauen, sehen einen
wunderbar blauen Himmelskörper.
Weil die Erdoberfläche mit viel
mehr Wasser als Land bedeckt ist,
erscheint sie den Astronauten
als blaue Kugel.

Wasser, Luft und Boden machen es möglich,
dass auf der Erde Menschen, Tiere und Pflanzen
leben können.

Unsere Erde ist reich an Schönheiten
und Wundern. Aber sie ist auch verletzlich
und sie braucht unseren Schutz.

Was umgibt unsere Erde?

Unsere Erde ist von einer mächtigen
Luftschicht umhüllt. Diese gasförmige
Hülle schützt uns vor
dem gleißenden Licht
der Sonne und vor der Kälte
des Weltalls. Die Hülle enthält auch
den Sauerstoff, den Menschen und
Tiere zum Leben brauchen.

104

Sonne als Zentrum unseres Erdgeschehens begreifen; Besonderheiten unseres Erdplaneten
kennen lernen, Himmelsbeobachtungen durchführen

 S. 6/7

Warum sieht der Mond jeden Abend anders aus?

Der Mond leuchtet nicht selbst, er wird von der Sonne beschienen und strahlt dieses Licht wieder ab.
Daher ist das Licht des Mondes eigentlich das Licht der Sonne.
Da der Mond die Erde umkreist, ändert sich seine Position zur Sonne ständig.
Deshalb siehst du von der Erde aus unterschiedlich viel von seiner beleuchteten Hälfte.
Dieses Phänomen heißt Mondphasen.
Die Zeit zwischen zwei gleichen Mondphasen dauert 29 Tage und einen halben Tag.

1 Wie erkennst du, ob der Mond gerade abnimmt oder zunimmt?

2 Danach wird der sichtbare Teil der beleuchteten Mondhälfte jeden Tag kleiner. Man sagt: Der Mond nimmt ab.

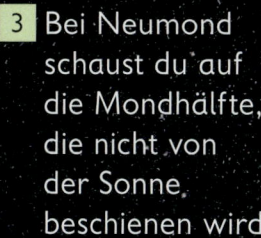

3 Bei Neumond schaust du auf die Mondhälfte, die nicht von der Sonne beschienen wird.

1 Bei Vollmond siehst du die beleuchtete Mondhälfte ganz.

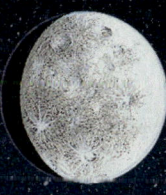

4 Danach zeigt sich jeden Tag mehr vom beleuchteten Teil des Mondes. Man sagt: Der Mond nimmt zu.

* Die Buchstaben einer alten Schrift waren Merkzeichen für den abnehmenden und zunehmenden Mond.

Sonne, Mond und Sterne

Unser Himmelsraum:

- die Sonne – der Stern, der uns am nächsten und
  doch 150 Millionen Kilometer von uns entfernt ist.
- der Mond, der nur 384 400 km weit weg ist und
  am 20. Juli 1969 erstmals von einem Menschen betreten wurde.
- die vielen Sterne, die unvorstellbar weit entfernt im Weltraum sind.
  Mit bloßem Auge kannst du bis zu 6 000 Sterne entdecken.
  Durch ein Fernglas siehst du mehr als 100 000 Sterne.
  Und mit **Großteleskopen** könnten Wissenschaftler
  über eine Milliarde Sterne zählen.

Eine Sternschnuppe

Ein Hund im Weltall?

INTERESSANT

- Die Sonne ist der Motor des
  Wasserkreislaufs.
  Wasser verdunstet, zieht
  mit den Wolken über den Himmel
  und fällt als Regen irgendwo
  auf der Erde wieder herab.
- Alle Pflanzen brauchen das Licht
  der Sonne, um Nährstoffe
  zu bilden.
- Von Mond und Sonne gehen Kräfte
  aus, die Ebbe und Flut auslösen.
- Manche Menschen sollen bei
  Vollmond schlafwandeln.
- Sternbilder sind Wegweiser am
  Nachthimmel.

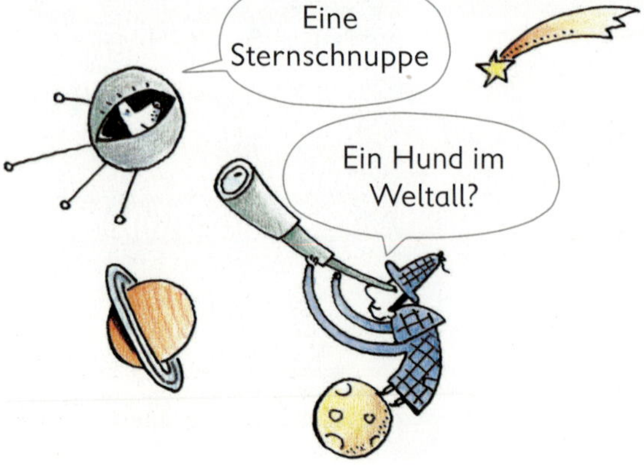

Sonne als Zentrum unseres Erdgeschehens begreifen;
über Entfernungen in Weltall nachdenken, Einflüsse von Sonne und Mond kennen lernen

In einer sternklaren Nacht kannst du ohne Fernglas Sterne und **Sternschnuppen** beobachten.
Weil sich die Erde um sich selbst und um die Sonne dreht, scheint sich der Sternenhimmel über dir zu drehen. Die **Sternbilder** gehen auf und wieder unter.

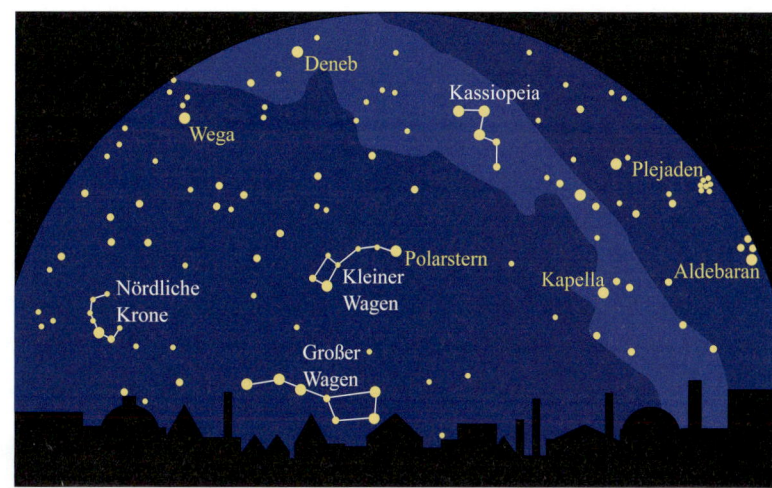

Den Polarstern aber siehst du immer an der gleichen Stelle, denn er steht am Himmelsnordpol.

Um ihn kreisen scheinbar die anderen Sterne. Entdeckst du ihn, schaust du in Richtung Norden.

Wenn du die Hinterachse des „Großen Wagens" 5-Mal verlängerst, entdeckst du den Polarstern am Himmel.

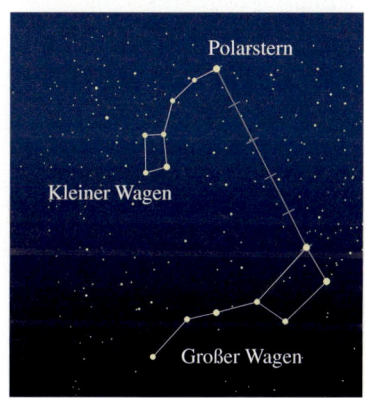

INTERESSANT

Ein Sternglobus oder eine drehbare Sternkarte helfen dir, Sterne und Sternbilder am Himmel zu finden. Auf ihnen sind die Sternbilder abgebildet und benannt.

MITMACHEN UND NACHDENKEN

3 Wie kommen Sternbilder zu ihren Namen, zum Beispiel „Krebs" und „Skorpion"? Nutze das Internet.

Vom Himmelsraum

 Wähle Aufgaben aus. Forsche nach.

1 Die Sage von Orion

Der Sage nach war Orion ein berühmter und beliebter Jäger.
Eines Tages wurde er durch den Stich eines Skorpions tödlich verwundet.
Orion und der Skorpion wurden in Sterne verwandelt und so
an den Himmel gesetzt, dass immer nur einer zu sehen ist.
Geht Orion im Westen unter, dann geht sein Mörder Skorpion im Osten auf.

Erzähle die Geschichte nach.
Finde heraus: Warum heißt das Sternbild „Skorpion"?

2 Erster Deutscher im All

Informiere dich: Wer war der erste
deutsche Astronaut im All?
Woran hat er im All geforscht?

3 Das Sternbild Kassiopeia

Suche in der Karte auf Seite 107
das Sternbild Kassiopeia,
auch Himmels-W genannt.
Wie findest du mit seiner Hilfe
die Himmelsrichtung Norden?

Die Sage über das Sternbild Orion lesen und nacherzählen; Informationen über Astronauten sammeln;
Sternbild Kassiopeia suchen

Im Sommer

Woher kommt unser Trinkwasser?

Stoßt ihr schon auf Grundwasser?

Trinkwasser und Abwasser

 Erkläre mit Hilfe der Abbildungen die Gewinnung von Trinkwasser oder die Reinigung von Abwasser.
Wähle das entsprechende Schema aus.

Gewinnung des Trinkwassers aus Grundwasser

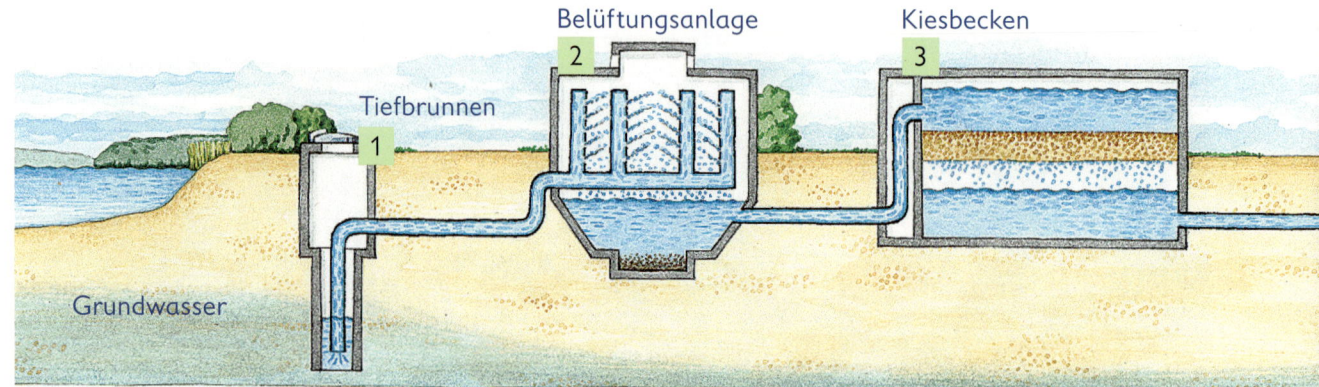

1 Grundwasser wird in Tiefbrunnen gesammelt und mit Pumpen nach oben befördert.

2 Im Wasserwerk wird das Wasser belüftet. Dabei verbinden sich schädliche Stoffe zu Flocken.

3 Das Wasser läuft zur Reinigung durch Kiesschichten. Dort werden die Flocken aufgefangen.

Reinigung von Abwasser

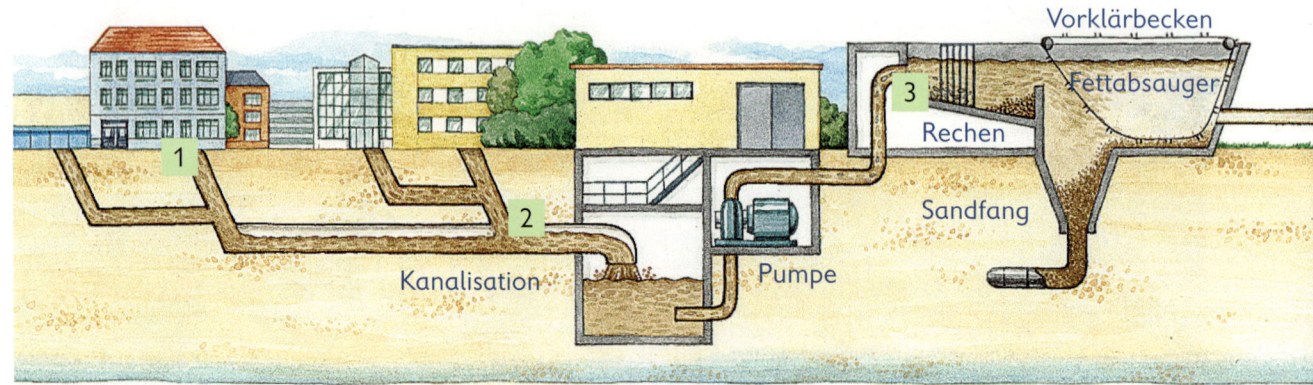

1 Abwasser aus den Gebäuden fließt durch Abwasserrohre und Regenwasser von den Straßen durch Gullys in die Kanalisation.

2 Unter den Straßen werden die Abwässer in der Kanalisation gesammelt und in ein Klärwerk geleitet.

3 An einem **Rechen** bleiben zuerst Holz, Papier und grobe Teile hängen. Danach setzt sich Sand ab. Hier werden auch Fette von der Oberfläche abgesaugt.

Einblick gewinnen in ein technologisches Verfahren der Wasserwirtschaft – Trink- und Abwasserversorgung; ein Schema auswählen und erklären

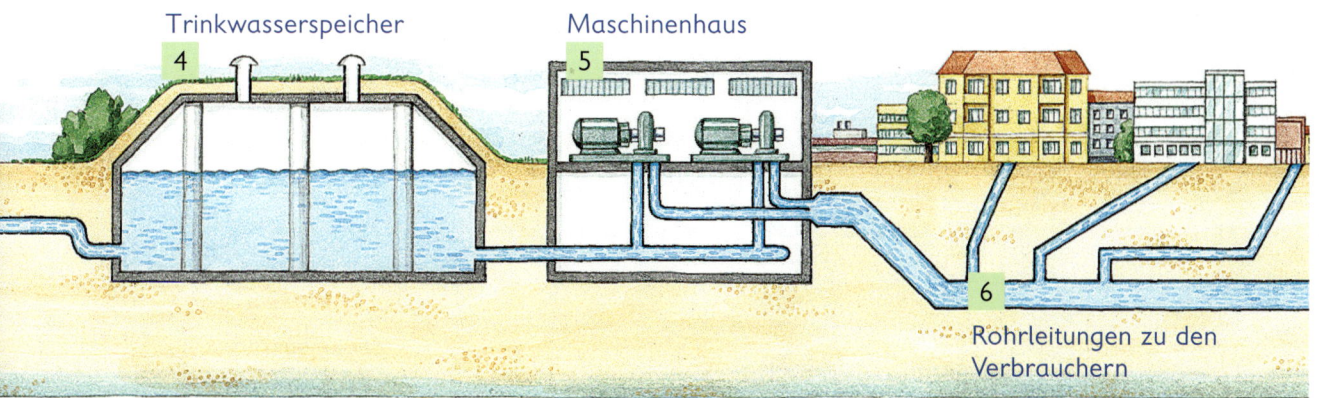

Trinkwasserspeicher

Maschinenhaus

Rohrleitungen zu den Verbrauchern

4 Sauberes Trinkwasser wird in Reinigungsbehältern gespeichert und bei Bedarf abgegeben.

5 Trinkwasserpumpen pumpen das Wasser durch Rohrleitungen zu den Verbrauchern.

6 Die Verbraucher müssen das Trinkwasser bezahlen. Wasseruhren zählen den Wasserverbrauch in jeder Wohnung.

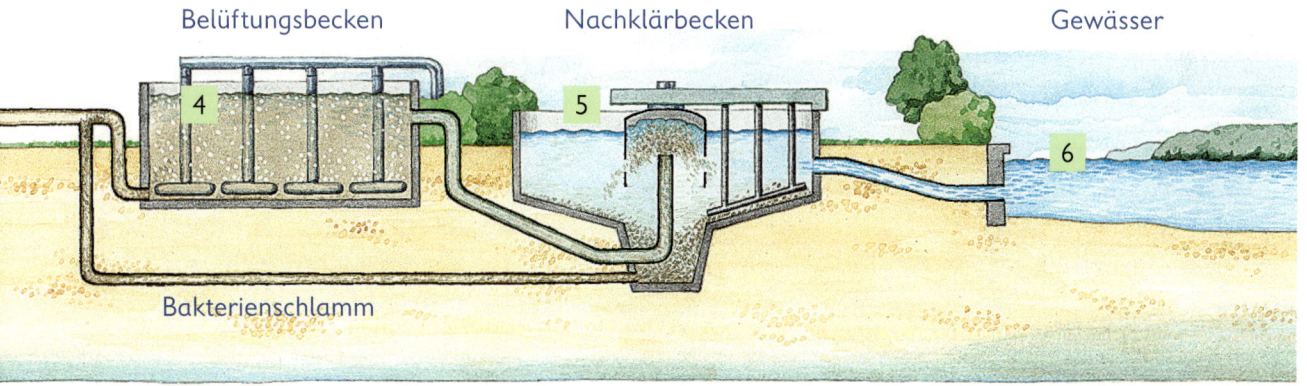

Belüftungsbecken

Nachklärbecken

Gewässer

Bakterienschlamm

4 In einem Belüftungsbecken werden dem Wasser viel Sauerstoff und Bakterien zugesetzt. Die Bakterien „fressen" die restlichen Schmutzteilchen.

5 Im Nachklärbecken sinkt der Schlamm mit den Bakterien zu Boden. Der Schlamm mit den Bakterien fließt wieder in das Belüftungsbecken.

6 Nun ist das Wasser so sauber, dass es wieder in Seen oder Flüsse eingelassen werden kann.

Kostbares Trinkwasser

1 Wähle Aufgaben aus. Forsche nach.

1 Trinkwasserverbrauch

Werte die Grafik aus.

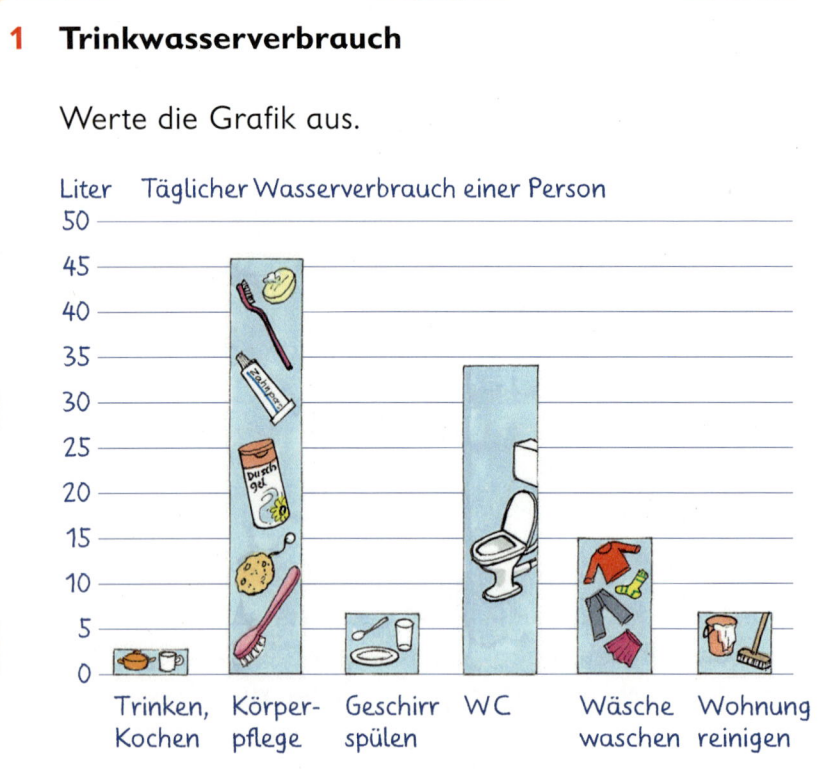

Liter — Täglicher Wasserverbrauch einer Person

(Trinken, Kochen; Körperpflege; Geschirr spülen; WC; Wäsche waschen; Wohnung reinigen)

Regenwasser ist schön!

2 Wasser sparen

Schreibe in eine solche Tabelle, wie du Wasser sparen kannst.

Wobei?	Wie?
Zähneputzen	
Händewaschen	
Duschen/Baden	
Abwaschen	

3 Wasser für alle

Gestaltet gemeinsam eine Wandzeitung mit dem Thema „Wasser für alle".
Nutzt Kindersuchmaschinen (zum Beispiel fragFINN.de).

Wasser für alle

Sich zum Umgang mit Wasser positionieren; Sparsamkeit im Verbrauch anregen;
auf Wasserknappheit in der Welt aufmerksam machen

Zum Nachschlagen

Abdanken   S. 68

Abdanken bedeutet, dass jemand von seinem Amt zurücktritt, zum Beispiel ein Minister oder eine Präsidentin. Ein König verzichtet auf seinen Thron.

Abwehrstoffe   S. 60

Unser Körper wird ständig von Bakterien und Viren angegriffen, die Krankheiten auslösen können. Doch der Körper wehrt sich dagegen. Er stellt besondere Eiweißstoffe, weiße Blutkörperchen und andere Stoffe her, um die Angreifer abzuwehren. Die Krankheitskeime werden unschädlich gemacht und aufgefressen. Da Neugeborene sich noch nicht so gut zur Wehr setzen können, enthält die Muttermilch viele solcher Abwehrstoffe.

Binnenschifffahrt   S. 101

Binnenschifffahrt ist die Schifffahrt auf Flüssen, Kanälen und Seen. Frachtschiffe transportieren Güter, wie Autos, Container, Sand oder Erdöl. Ausflugsschiffe, Fähren und Kreuzfahrtschiffe befördern Fahrgäste. Wenn sie auf Gewässern im Landesinneren unterwegs sind, gehören auch Sportboote zur Binnenschifffahrt.

Blumenrabatten   S. 85

Eine Blumenrabatte ist ein besonders angelegtes Blumenbeet. Es hat zum Beispiel eine besondere Form (Kreis, Quadrat, Umriss eines Tieres usw.). Außerdem pflanzen die Gärtner die Blumen meist so hinein, dass die Blüten farbige Muster bilden. Rabatten sind oft in Parks, an Wegen oder in Vorgärten zu finden.

Büste   S. 78

Eine Büste ähnelt einer Statue. Während eine Statue aber den ganzen Körper zeigt, sieht man bei einer Büste nur den Kopf, die Schultern und die Brust eines Menschen. Oft handelt es sich bei einer Büste um ein Denkmal. Dann soll sie an den Menschen erinnern, den sie zeigt.

Chemie   S. 9

Wie sind Stoffe aufgebaut? Welche Eigenschaften haben sie? Wie sind sie miteinander verbunden und wie lassen sie sich trennen? Wie reagieren sie miteinander? Mit solchen Fragen beschäftigt sich die Naturwissenschaft Chemie. Oft entwickeln Chemiker bei ihrer Arbeit Dinge, die für unseren Alltag sehr wichtig sind, zum Beispiel Kunststoffe, Arzneimittel, Dünger oder Waschmittel.

Einmündungen   S. 92

Wenn eine Straße auf eine andere trifft und dort endet, dann handelt es sich um eine Einmündung. Sie unterscheidet sich also von einer Kreuzung, bei der beide Straßen fortgesetzt werden. Wenn bei einer Einmündung die Vorfahrt nicht durch ein Schild geregelt wird, gilt die Regel „rechts vor links".

Fair handeln   S. 86

In vielen Ländern des Südens leben Bauern trotz ihrer Arbeit in Armut. Ihre Produkte, wie Bananen, Kakao, Blumen oder Reis, werden zwar zum Beispiel bei uns in den Supermärkten verkauft, trotzdem bleibt für die Bauern dabei nicht genug Geld übrig. Das finden viele Menschen ungerecht und sie kaufen daher Produkte, die auf gerechte (= faire) Weise gehandelt und verkauft werden. So sollen die Bauern ein ausreichendes Einkommen bekommen. Damit man fair gehandelte Produkte erkennen kann, gibt es ein „Fair-Trade"-Zeichen.

Flachspflanze   S. 38

Die Flachspflanze wird auch Lein genannt. Sie gehört zu den ältesten Nutzpflanzen der Menschen. Die Pflanze ist 30 bis 120 Zentimeter hoch. Der Stängel steht sehr aufrecht und verzweigt sich nur im oberen Teil. Dort wachsen die blauen (manchmal auch weißen oder rosa) Blüten. Aus den Leinsamen wird Leinöl gewonnen. Die Pflanzenfasern werden gesponnen und zu Seilen und Stoffen verarbeitet. Schon die Mumien im alten Ägypten waren in Leintücher gewickelt. Heute wird der Flachs nicht mehr so oft zur Herstellung von Textilien genutzt, denn seine Verarbeitung ist sehr aufwändig.

Geschlechtsreif   S. 56

Ein Mädchen, das geschlechtsreif ist, kann schwanger werden. Ein Junge ist geschlechtsreif, wenn er ein Kind zeugen kann.

Geschützte Art   S. 27

Ein Wildtier, das zu einer streng geschützten Art gehört, darf nicht gejagt, gefangen, verletzt oder gar getötet werden. Auch seine Ruhestätte ist geschützt. Das Tier darf nicht gestört oder zum Beispiel mit nach Hause genommen werden. Es ist verboten, geschützte Tiere zu kaufen oder zu verkaufen.

Großteleskop   S. 106

Mit Großteleskopen kann man tief ins Universum hineinsehen. Mithilfe von gewölbten Spiegeln sammelt sie das Licht.

Solche Spiegel können einen Durchmesser von 10 Metern haben. Es werden aber schon viel größere Teleskope geplant. Manche Teleskope können nicht nur das für uns sichtbare Licht empfangen, sondern zum Beispiel auch Radio- oder Röntgenstrahlen.

Grubenhunt   S. 80

Der Grubenhunt ist ein kastenförmiger Wagen, der in alten Zeiten im Bergbau verwendet wurde. Mit ihm wurden zum Beispiel erzhaltige Gesteinsbrocken transportiert. Anfangs rollten seine Räder auf Holzbohlen, später wurden Schienen verwendet. Die Redewendung „Vor die Hunde (Hunte) gehen" hängt mit diesen Grubenwagen zusammen: Wenn ein Bergmann schlecht gearbeitet hatte, musste er zur Strafe die Hunte ziehen. Wenn ihn also das Glück verlassen hatte, ging er „vor die Hunte".

Gülle   S. 101

Gülle besteht aus dem Urin und Kot von Rindern und Schweinen. Sie enthält Nährstoffe, die wichtig für das Wachstum von Pflanzen sind. Deshalb kann man mit Gülle Äcker und Wiesen düngen. Wird jedoch zu viel Gülle verteilt, hat das schädliche Folgen für die Umwelt.

Gusseisen   S. 47

Gusseisen ist eine besondere Eisenmischung. Es ist sehr hart und nicht verformbar. Teile aus Gusseisen werden nicht geschmiedet, sondern in einer Gießerei in eine Form gegossen, daher der Name. Gusseisen leitet Wärme sehr gut. Deshalb werden manche Töpfe und Pfannen daraus hergestellt.

Handout   S.16

Ein Handout ist ein Handzettel, der bei einem Vortrag an die Zuhörer ausgeteilt wird. So müssen die Zuhörer nicht mitschreiben und können sich trotzdem später noch einmal den Inhalt des Vortrags anschauen. Das Handout enthält wichtige Stichpunkte und Daten. Es sollte knapp und übersichtlich sein, eine klare Gliederung haben und wichtige Quellen (zum Beispiel Bücher und Internetadressen) nennen.

Höhenprofil   S.66

Ein Höhenprofil ist eine Abbildung (ein Diagramm), die zum einen eine Entfernung zeigt, zum anderen die jeweilige Höhe. Das ist zum Beispiel beim Wandern oder für Radtouren interessant. Man kann am Höhenprofil sehen, dass in einer bestimmten Entfernung eine Steigung oder ein Gefälle kommt. Und man sieht auch, wie steil es auf- oder abwärtsgehen wird.

Hormone   S.56

Hormone sind winzige Stoffe, die unter anderem in den Drüsen des Körpers (zum Beispiel in der Schilddrüse) entstehen. Hormone werden auch Botenstoffe genannt, weil sie Informationen transportieren. Auf diese Weise steuern sie viele Vorgänge in unserem Körper. Zum Beispiel regeln sie den Aufbau von Muskeln und das Wachstum von Knochen. Sie beeinflussen sogar unsere Gefühle und wir empfinden dann zum Beispiel Angst oder Glück.

Informatik   S.9

Den Begriff Informatik kann man mit „Computerwissenschaft" übersetzen. Informatiker erforschen, wie Computer Informationen sammeln, speichern, sortieren, bearbeiten und übertragen können. Sie untersuchen und entwickeln Computerprogramme.

Intimsphäre   S.56

Die Intimsphäre ist der innerste Bereich eines Menschen mit seinen persönlichsten Gedanken und Gefühlen. Es ist der Bereich, über den der Einzelne meist nicht spricht oder den er nicht zeigt. Dazu gehören auch Dinge, die mit dem Körper zusammenhängen. Jeder darf für sich allein bestimmen, was genau zu seiner Intimsphäre gehört und wer einen Einblick darin haben darf. Die Intimsphäre ist bei jedem Menschen anders – und die anderen müssen sie respektieren.

Kantor   S.77

Ein Kantor ist jemand, der beim Gottesdienst vorsingt. Meist ist er aber für die gesamte Kirchenmusik verantwortlich: Er spielt die Orgel, leitet den Chor oder gibt Musikunterricht. Viele Kantoren arbeiteten früher auch als Komponisten.

Kaskaden   S.85

Eine Kaskade ist ein Wasserfall, bei dem das Wasser über mehrere Stufen fällt. Es gibt natürliche Kaskaden und künstliche, die in Gärten oder Parks angelegt wurden. Auch bei einigen Stadtbrunnen gibt es solche Wasserspiele.

Kompost   S.33

Kompost entsteht aus pflanzlichen Stoffen, zum Beispiel aus Blättern, Kartoffelschalen und verblühten Blumen. Diese Abfälle werden von Bakterien, Pilzen und unzähligen kleinen Tieren zersetzt. Das Ergebnis ist eine dunkelbraune, lockere Erde voller Nährstoffe. Mit ihr kann man Pflanzen düngen.

Kurzschluss S. 45

Ein Kurzschluss kann entstehen, wenn eine Lampe oder ein elektrisches Gerät kaputt oder die Isolierung eines Kabels beschädigt ist. Dann fließt der Strom auf direktem Weg von einem Pol der elektrischen Stromquelle zum anderen. Bei einem Kurzschluss fließt sehr viel Strom. Das kann zu einer Erhitzung und schließlich zum Brand führen. Auch besteht die Gefahr eines Stromschlags.

Laubstreu S. 32

Die von Bäumen und Büschen abgefallenen Blätter bilden auf dem Boden eine Schicht. Das ist die Laubstreu. Hierin leben viele kleine Tiere, wie Asseln, Spinnen, Käfer und Würmer. Im Laufe der Zeit zersetzt sich das Laub und es bildet sich Humus.

Mikroskop S. 58

Das Wort Mikroskop setzt sich aus zwei griechischen Wörtern zusammen: „mikros" bedeutet klein und „skopein" betrachten. Mit einem Mikroskop kann man also sehr kleine Dinge, die wir mit bloßem Auge nicht sehen können, vergrößert betrachten. Dazu gibt es verschiedene Techniken. Bei einem Lichtmikroskop werden Glaslinsen verwendet, ähnlich wie bei einer Lupe. Man kann aber auch Elektronenstrahlen auf ein Objekt richten. Diese sind sehr viel „feiner" als Licht und können deshalb noch stärker vergrößern. Verwendet werden Mikroskope in der Medizin, Biologie und in der Technik.

Mischwald S. 26

Wenn es in einem Wald sowohl Laubbäume als auch Nadelbäume gibt, so spricht man von einem Mischwald.

Nährstoffe S. 33

Pflanzen benötigen Nährstoffe, um wachsen zu können. Sie finden sie in der Luft, im Wasser und im Boden. Bei den Nährstoffen im Boden gibt es einen Kreislauf. Wenn die Pflanzen später absterben und zu Humus zersetzt werden, gelangen die Nährstoffe wieder zurück in den Boden. Das funktioniert aber nicht, wenn die Pflanzen geerntet und gegessen werden. Dann sind nach einiger Zeit nicht mehr genügend Nährstoffe vorhanden und die Pflanzen wachsen nicht mehr so gut. Dann muss man sie düngen. Auch Tiere und Menschen benötigen Nährstoffe. Sie nehmen sie über die Nahrung auf.

NN S. 69

NN ist die Abkürzung für Normalnull. Sie wird für Höhenangaben verwendet. Ihr Nullpunkt ist der Meeresspiegel der Nordsee bei Amsterdam. Eine Bergspitze, die 1000 Meter über Normalnull (NN) liegt, ist also 1000 Meter höher als der Meeresspiegel.

Orangerie S. 74

Vor einigen Jahrhunderten waren Zitruspflanzen wie Orangen und Zitronen etwas sehr Besonderes. Viele Landesherren legten Sammlungen an, um sich damit zu schmücken. Eine solche Sammlung hieß Orangerie und war Teil des Schlossparks. Damit die kostbaren Pflanzen im Winter nicht eingingen, wurden sie in eigenen Gebäuden untergebracht. Auch diese Gebäude wurden Orangerie genannt. Ein typisches Kennzeichen sind ihre großen Fenster, die bis auf den Boden reichen.

Paraffin   S. 42

Paraffin wird aus Erdöl gewonnen.
Es ist weiß und durchscheinend, wenn es
schmilzt. Es ist geruchs- und geschmack-
los, wasserabstoßend, ungiftig und
brennbar. Deshalb wird es statt Wachs
für Teelichter und Kerzen verwendet.
Auch in Lippenstiften, Cremes und
Wachsmalstiften ist es enthalten.

Physik   S. 11

Die Physik ist eine Naturwissenschaft.
Sie erforscht Erscheinungen in der Natur
und versucht, Naturgesetze zu erkennen:
Warum ist der Himmel über uns blau?
Was ist eigentlich Licht? Verbreitet
sich Schall immer mit der gleichen
Geschwindigkeit? Wie sind Atome
aufgebaut? Physiker müssen bei ihrer
Arbeit viel experimentieren, genau
beobachten und messen.

Porzellanmanufaktur   S. 72

Der Begriff Manufaktur kommt von den
lateinischen Wörtern „manus": Hand
und „facere": machen, herstellen. In einer
Porzellanmanufaktur werden also
Porzellan und Dinge aus Porzellan in
Handarbeit hergestellt. Die Arbeit erfolgt
in mehreren Schritten, die jeweils von verschiedenen Fachleuten ausgeführt werden. Die erste Porzellanmanufaktur
in Europa wurde 1710 in Meißen
eingerichtet.

Rechen   S. 110

Im Wasser schwimmen oft Äste,
Kunststoffflaschen, Papier und anderer
Müll. Dieses Treibgut kann Pumpen
und Turbinen beschädigen und Rohre
verstopfen. Um dies zu verhindern,
werden in die Klärwerke und Wasser-
kraftwerke Rechen eingebaut, die das
Treibgut aufhalten. Ein solcher Rechen

ähnelt einem sehr großen Kamm.
Das Wasser kann durch seine Zinken
hindurchfließen, das Treibgut bleibt aber
daran hängen.

Sauerstoff   S. 52

Sauerstoff ist ein farb- und geruchsloses
Gas. Er ist in der Luft, die uns umgibt,
enthalten. Sauerstoff ist für Verbrennungs-
vorgänge sehr wichtig und fast alle Lebewesen benötigen ihn zum Leben. Pflanzen
können mehr Sauerstoff herstellen als
sie verbrauchen. Unsere Organe und
Muskeln werden durch das Atmen mit
Sauerstoff versorgt.

Schirmherrin   S. 68

Ein Schirmherr war ursprünglich ein
Beschützer. Mit seinem Schwert schützte
zum Beispiel ein Ritter die Menschen in
einem Kloster. Die Bedeutung des Wortes
hat sich jedoch geändert. Heute ist
ein Schirmherr / eine Schirmherrin
eine geachtete Person, die mit ihrem
Namen eine Veranstaltung oder eine
Organisation unterstützt. Zum Beispiel
kann ein Bürgermeister / eine Bürger-
meisterin die Schirmherrschaft für ein
Sportfest übernehmen.

Schulterhöhe   S. 26

Die Schulterhöhe eines Tieres wird vom
höchsten Punkt des Schulterblattes aus
gerade runter bis zum Boden gemessen.
Dazu muss das Tier natürlich stehen.
Die Schulterhöhe wird deshalb als
Größenangabe genommen, weil man
sie auch dann angeben kann, wenn
das Tier gerade den Kopf gesenkt hat.

Schweißen S. 44

Durch das Schweißen werden Metallteile fest miteinander verbunden, zum Beispiel Autoteile, Rohre oder Geländer.
Es gibt verschiedene Schweißverfahren, zum Beispiel mit Gas, Strom oder Lasertechnik. Sie erzeugen eine so große Hitze, dass das Metall schmilzt. Das flüssige Metall fließt an der Naht zusammen. Wenn es wieder abkühlt, wird es fest – und aus zwei Stücken ist eins geworden.

Slawen S. 82

Die Slawen sind eine Gruppe von Völkern, die eine slawische Sprache sprechen, zum Beispiel Russisch, Polnisch, Serbisch oder Sorbisch. Auch in deutschen Gebieten lebten viele Slawen. Davon zeugen Reste von Befestigungsanlagen und andere Funde aus dem Mittelalter. Zahlreiche Ortsnamen wie Görlitz, Chemnitz, Leipzig und Berlin gehen auf slawische Siedler zurück. Noch heute leben in Deutschland in verschiedenen Gegenden Slawen.

Stearin S. 42

Stearin wird wie Paraffin zur Herstellung von Kerzen verwendet. Es besteht jedoch aus Palmöl und tierischem Fett. Es ist härter als Paraffin und lässt sich nur bei höheren Temperaturen verformen.

Sternbilder S. 107

Wenn wir in den Sternenhimmel schauen, erkennen wir manchmal Muster. Es sieht so aus, als gehörten manche Sterne zusammen. Wenn wir diese Sterne mit Linien verbinden, ergibt sich mit einiger Fantasie ein Bild. Wir sehen dann einen großen Wagen, einen Löwen oder eine Waage. Das sind Sternbilder. Ihre Sterne gehören aber nur in der Vorstellung der Menschen zusammen und nicht in der Wirklichkeit.

Sternschnuppen S. 107

In einer klaren Nacht sieht man manchmal Sternschnuppen aufleuchten. Für ganz kurze Zeit flitzen dann helle Striche über den Himmel. Es sind aber keine Sterne, die auf die Erde fallen. Sternschnuppen sind höchsten ein paar Millimeter groß, man kann sie mit einem Sandkorn vergleichen. Sie stammen aus unserem Sonnensystem und werden von der Erde angezogen. Geraten sie in die Atmosphäre, so verglühen sie.

Stichflammen S. 43

Eine lange, spitze Flamme, die plötzlich emporschießt, nennt man Stichflamme. Stichflammen können zum Beispiel bei einer Explosion entstehen oder wenn ein brennbares Gas aus einer Düse strömt und dann gezündet wird. Sie sind sehr gefährlich, weil sie oft unerwartet auftreten, sehr heiß sind und viele Meter groß werden können.

Stickerei, sticken S. 79

Durch das Sticken werden Stoff, Leder oder Papier mit Fäden verziert. Dabei entstehen einfache Muster oder auch aufwendige Bilder. Das Stickgarn, so heißen die Fäden, wird mit Hilfe von Sticknadeln auf den Untergrund aufgenäht oder durchgezogen. Dabei gibt es sehr viele verschiedene Techniken. Gestickt wird mit der Hand und mit Maschinen.

Symptome S. 50

Ein Symptom ist ein Anzeichen für eine Krankheit. Meist gibt es mehrere solcher Anzeichen. Masern haben zum Beispiel diese Symptome: fleckiger, roter Hautausschlag, hohes Fieber, Husten und Schnupfen, gerötete und geschwollene Augen.

Talsperre S. 81

Bei einer Talsperre wird mit einem Staudamm oder einer Staumauer ein Flusstal abgeriegelt. Dahinter staut sich dann das Wasser und es bildet sich ein Stausee. Dies wird gemacht, um genügend Wasservorräte zu haben und um Überschwemmungen zu verhindern. Denn in dem abgesperrten Tal kann man sehr viel Wasser speichern. Viele Talsperren werden genutzt, um in Wasserkraftwerken Strom zu erzeugen.

Tradition S. 68

Silvester werden Knaller gezündet, Ostern Eier gefärbt und zum Geburtstag darf man sich etwas wünschen … Dies sind Beispiele für Traditionen. Man kann also sagen, eine Tradition ist ein Brauch oder eine Gewohnheit.

Umgebindehäuser S. 71

Bei einem Umgebindehaus erkennt man verschiedene Bauweisen: Im Erdgeschoss gibt es die Stube, die aus querliegenden Hölzern besteht, wie bei einem Blockhaus. Daneben befindet sich oft ein Stall mit Mauern aus Natursteinen. Das Obergeschoss ist wie ein Fachwerkhaus gebaut. Es liegt aber nicht auf der Blockstube auf, sondern steht auf einem stützenden Gerüst darüber. Die Blockstube wird also mit Stützen „umbunden". Umgebindehäuser sind sehr alt, es gibt sie nur im Länderdreieck von Deutschland, Polen und Tschechien.

UNESCO Biosphärenreservat S. 71

Die UNESCO ist eine Organisation, die sich weltweit für Erziehung, Wissenschaft und Kultur einsetzt. Gemeinsam mit vielen Ländern hat sie zahlreiche Biosphärenreservate eingerichtet. Das sind ausgewählte Gebiete, wie zum Beispiel die Heidelandschaften mit ihren besonderen Pflanzen und Tieren. In diesen Gebieten sollen die Menschen weiterhin leben und arbeiten, dabei aber mit der Natur schonend umgehen. Deshalb gibt es in Biosphärenreservaten besondere Regelungen, zum Beispiel für den Bau von Straßen oder Häusern.

Weihnachtsoratorium S. 77

Das Weihnachtsoratorium ist ein Musikstück aus sechs Teilen, in dem die Weihnachtsgeschichte mit der Geburt von Jesus im Stall von Bethlehem und den Weisen aus dem Morgenland erzählt wird. Komponiert hat es Johann Sebastian Bach in den Jahren von 1730 bis 1734. Aufgeführt wird es von einem gemischten Chor und einem Orchester. Das Weihnachtsoratorium ist meist in der Adventszeit zu hören.

Wettiner Fürsten S. 74

Das Haus Wettin ist ein sehr altes und mächtiges Adelsgeschlecht. Es hat zahlreiche Landgrafen, Kurfürsten und Könige hervorgebracht, zum Beispiel Friedrich August I. Er wird auch August der Starke genannt und war Kurfürst von Sachsen und König von Polen. Die Burg Wettin, die Stammburg der Wettiner, befindet sich in der Nähe von Halle an der Saale.

Zertifikat S. 73

Ein Zertifikat ist eine Bescheinigung oder Beglaubigung. Darin steht zum Beispiel, dass eine bestimmte Aussage richtig ist. Die Richtigkeit wird meist mit einer Unterschrift und einem Stempel bestätigt.

Textquellen
36, 37 Erich Kästner: Emil und die Detektive. Dressler Verlag, Hamburg 2006, Seite 33, 34. (c) Atrium Verlag AG Zürich.

Bildquellen
Auftakt 5 Fotolia/Sergey Novikov (SerrNovik); **6 re.** akg-images; **6 li.** akg-images; **6 (1-3)** Stadtmuseum Berlin/Kinder-und Jugendmuseum, Berlin; **6 (4)** Ullstein; **6 (5)** Ullstein; **7 ob. re.** Fotolia/Christian Schwier **7 ob. li.** Glow Images/imagebroker.net; **7 un. (1)** picture alliance/ZB; **7 un. (2)** Picture Alliance ZB; **7 (3)** imago/Gerhard Leber; **Auftakt 11** Fotolia/caballo; **14** fragFINN e.V., Berlin; **15** komplett Internet-ABC e.V., Landesanstalt für Medien NRW, Düsseldorf; **19** Fotolia/Okea; **Auftakt 21** Fotolia/LianeM; **22 (1)** Fotolia; **22 (2)** Fotolia/M. Schuppich; **22 (3)** Fotolia/ireneuszb; **22 (4)** Fotolia/M. Schuppich; **22 (5)** Shutterstock/Bildagentur Zoonar GmbH; **23 (1)** Fotolia/VOLODYMYR BURDYAK; **23 (2)** Fotolia/Roman Huditsch; **23 (3)** Fotolia/Michael Drak; **23 (4)** Shutterstock/saguari; **24 (5)** Fotolia/Maslov Dmitry; **23 (5)** Fotolia/mirkograul; **23 (6)** Fotolia/Marek R. Swadzba; **24 ob.** Clip Dealer/Marco Lange; **24 (1)** Fotolia/S. Rekate; **24 (2)** Fotolia/Daorson; **24 (3)** All Mauritius © Zoonar GmbH/Alamy Stock Photo; **24 (4)** Clip Dealer/Karin Jaehne; **24 (6)** Fotolia/sabyna75@gmail.com; **25 (bei 4)** Fotolia/createur; **25 (4)** Fotolia/petrabarz; **25 (3)** Fotolia/ohenze; **25 (1)** Fotolia/tomasztc; **25 (2)** Fotolia/Björn Lieschke; **26 li.** Fotolia/©2014 Holly Kuchera; **26 re.** Fotolia/VOLODYMYR BURDYAK; **27 li.** Shutterstock/Bildagentur Zoonar GmbH; **27 re.** Fotolia/www.NaturePhoto.cz; **34** Fotolia/Klaus Eppele; **Auftakt 35** akg-images; **36 re.** Fotolia/WavebreakMediaMicro; **36 li.** bpk; **37 ob.** Alfred Strobel/SZ Photo/laif; **37 un.** Fotolia/figurniysergey.com; **38 li.** akg-images; **38 re.** bpk; **39** Glow Images; **Auftakt 41** Fotolia/lev dolgachov; **43 (1)** Fotolia/by-studio; **43 (2)** Colourbox; **43 (3)** Fotolia/stockedup; **43 (4)** Fotolia/Koufax73; **44 (1)** Fotolia/davit85; **44 (2)** Fotolia/Alexander Raths; **44 (3)** Fotolia/Sarapinas Valery; **44 (4)** Fotolia/279photo; **44 (7)** Westend61/Wilfried Wirth; **44 (8)** Fotolia/Michael Rogner; **44 (5)** Fotolia/Pavlo Burdyak; **44 (6)** Colourbox; **47 (1)** Colourbox/tiverylucky; **47 (2)** Fotolia/Africa Studio; **47 (3)** Shutterstock/Africa Studio; **Auftakt 49** Fotolia/Iakov Filimonov; **58** Shutterstock/Lukiyanova Natalia frenta; **58** Cornelsen/Uta Bettzieche; **58 ob.** Tulipan Verlag, München; **60 (1)** Fotolia/candy1812; **60 (2)** Fotolia/marchibas; **60 (3)** Fotolia/nd3000; **61 (1)** Colourbox; **61 (3)** Fotolia/Christin Lola; **61 (1)** Fotolia/WavebreakMediaMicro; **Auftakt 63** Fotolia/marcus_hofmann; **68 re.** Fotolia/twilight_art_pictures (joerg mikus); **69 un.** Fotolia/Sven Käppler; **69 ob.** Fotolia/dina; **71** Clip Dealer/Karin Jaehne; **72 (1)** ddp images/ddp images; **72 (2)** imago stock&people; **72 (3)** akg-images; **72 (4)** bpk; **73 (4)** akg-images; **73 (1)** imago/Ulrich Hässler; **73 (2)** Shutterstock/Georgios Kollidas; **73 (3)** Shutterstock/360b; **78 (3)** action press; **78 (1)** imago/Hanke; **78 (2)** imago/F. Berger; **79 (2)** SZ Photo/Knorr + Hirth/SZ Photo/laif; **79 (1)** Fotolia/LiliGraphie; **80 (2)** Fotolia/animaflora; **80 (1)** Fotolia/hilde1308; **79 (3)** F1online; **81 un.** Fotolia/Edith Czech; **82 un.** imago/Winfried Rothermel; **83 Mi.** Fotolia/Trenkler; **85 ob.** Fotolia/Frank; **87 ob.** Teigwaren Riesa GmbH, Riesa; **88 Mi.** bpk; **Auftakt 89** Fotolia/candy1812; **91 (1) (2)** Fotolia/Larry Rains **(3)** Fotolia/KeepCoolBaby **(4)** Fotolia/reeel **(5)** Fotolia/markus marb; **91 (1-4)** Cornelsen/Peter Wirtz, Dormagen; **92 un.** Cornelsen/Peter Wirtz, Dormagen; **93 (1)** Marek Lange, Berlin **(2-3)** Cornelsen/Peter Wirtz, Dormagen; **94 Mi.** SZ-Designs; **94 ob.** Cornelsen/Peter Wirtz, Dormagen; **Auftakt 95** blickwinkel/H. Pieper; **100 un.** mauritius images/John Warburton-Lee; **100 re.** Fotolia/benni98; **100 li.** Fotolia/Edith Czech; **102 ob.** Fotolia ©2016 Sean McConnery; **Auftakt 103** Fotolia/Jürgen Fälchle; **104 ob.** Fotolia/Christos Georghiou; **104 Mi.** Fotolia/robert; **105 Mi.** Fotolia/SkyLine; **105 un.** Fotolia/nonfacciofoto; **106 ob.** imago/Science Photo Library; **107 un.** ddp images/ddp images; **108 un.** imago stock&people; **108 Mi.** Fotolia/SkyLine; **Auftakt 109** Fotolia/MurielleB.

Karten
Peter Kast, Ingenieurbüro für Kartographie, Wismar

Übersicht zur Lehrplanpassung für Lehrerinnen und Lehrer

Lernbereich	Seiten im Schülerbuch 4	Seiten im Arbeitsheft 4
Zusammen leben und lernen	5–10, 11–20, 35–40	2–11, 20–21
Mein Körper und meine Gesundheit	49–57, 62	26–29
Begegnungen mit Pflanzen und Tieren	21–34, 95–102	12–19, 44–49
Begegnungen mit Phänomenen der unbelebten Natur	41–48	22–25
Begegnungen mit Raum und Zeit	63–88, 89–94	30–43
Festigung und Vernetzung: Medien – Informationsbeschaffung und -aufbereitung	12–17	6–9
Wahlpflichtbereiche 1-6	57–61, 22–23, 26–27, 30–31, 103–108, 86–87, 18–19, 84–85, 109–112	10–11, 12–13, 16–17, 18–19, 28–29, 38–39, 50–51, 52–53